La Papauté à travers l'histoire

La papauté à travers l'histoire
Du moyen-âge au 19è Siècle

Eugène Lerminier

Collection « *Les Pages de l'Histoire* »

Editions le Mono

Chapitre 1

Une des plus grandes nouveautés de l'histoire moderne, comparée à l'histoire des sociétés antiques, est sans doute la papauté. Rien n'a de véritable ressemblance avec elle, soit dans les théocraties orientales, soit dans le polythéisme des Grecs et des Romains. Si les prêtres en Égypte étaient rois, ils devaient leur puissance non-seulement à la supériorité morale que leur communiquaient la science et la religion, mais aussi à leurs richesses, à leurs propriétés ; ils possédaient une partie des terres de l'Égypte, comme nous l'apprend Hérodote. Cette opulence ramène la pensée sur les principautés ecclésiastiques des évêques d'Allemagne du Xe et du XIe siècle. A Athènes et dans Rome républicaine, les prêtres n'étaient pas rois, mais citoyens ; ils ne séparaient pas la religion de l'état, et eux-mêmes ne se distinguaient pas de la cité.

Mais le christianisme a produit une espèce de théocratie inconnue avant lui, et plus spiritualiste que toutes les dominations sacerdotales qui l'avaient précédé. La cause de cette originalité est bien profonde, car elle est toute entière dans une révolution intérieure que subirent les convictions chrétiennes.

Lorsqu'au IVe siècle Constantin donna pour néophytes au christianisme l'empereur et l'empire, les chrétiens changèrent d'humeur non moins que de fortune ; ils devinrent ambitieux et persécuteurs. Ils ne se tinrent pas pour satisfaits de n'être plus contraints de sacrifier aux dieux, ils voulurent les abolir. Le partage de la puissance politique avec les païens ne les contenta plus ; ils voulurent prendre tout le pouvoir, parce que Dieu leur avait donné toute la vérité. La nouvelle capitale du monde fut troublée par des cupidités d'emplois et de richesses, qui n'étaient ni plus pures ni moins violentes que les convoitises païennes.

Toutefois à Constantinople c'était l'empereur qui régnait, sans doute au milieu des évêques et des prêtres, et dans l'intérêt du culte nouveau; mais enfin le pouvoir avait sa plus haute expression dans une autorité laïque et profane. Or, durant le développement des intrigues et des factions byzantines, une autre puissance s'élevait sur un autre théâtre, d'autant plus librement qu'elle était moins aperçue, la puissance de l'évêque de Rome.

La chute de l'empire d'Occident laissait, à la fin du Ve siècle, l'Italie sans direction politique et sans défense contre les Barbares. Sous Justinien, Narsès rétablit un instant la souveraineté de Constantinople sur la péninsule ; mais cette souveraineté, plus nominale que réelle, fut réduite par les Lombards à la possession souvent disputée de l'exarchat de Ravenne. En réalité, l'Italie était abandonnée à elle-même par Byzance, devenue incapable de la garder et de la défendre.

Rome, si elle n'était plus la reine du monde, était toujours l'âme de l'Italie, et elle reprenait peu à peu de la vigueur morale sous l'autorité nouvelle de son évêque, dont l'unité élective servait de contrepoids heureux aux formes municipales et républicaines. C'était vers l'épiscopat romain que se tournaient tous les regards ; on lui imposait le devoir de défendre l'Italie. Dans cette situation, l'épiscopat ne montra pas dès l'origine la pensée d'une révolte ouverte contre Constantinople, et les évêques se réunissaient plutôt aux exarques contre les Lombards, qui étaient Ariens. Mais les folles entreprises des empereurs contre le culte des images poussèrent presqu'en dépit de lui l'épiscopat romain à la séparation et à l'indépendance. D'un autre côté, les rois lombards ne comprirent pas que leur établissement en Italie dépendait autant de leur bon accord avec l'évêque de Rome que de leur adhésion entière à la foi catholique, et ils furent tout ensemble pour les Romains un fléau et un scandale. Entre le Grec et le Lombard, le chef de Rome, je veux dire son évêque, fut conduit à chercher hors de l'Italie un protecteur, un bras puissant, et la race des Francs austrasiens lui parut la meilleure pour lui servir de tutrice et de bouclier.

Quand les évêques romains se mirent à appeler à leur secours la royauté franque, ils jouissaient depuis longtemps, chez eux et en Italie, d'une grande autorité dans l'ordre spirituel. On ne siège pas inutilement au Capitole. Le prêtre de Jésus-Christ, qui succédait tant aux consuls de la république qu'à l'empereur romain, avait vu les autres évêques de la chrétienté naissante, ceux d'Afrique comme ceux de l'Asie-Mineure, ceux de la Syrie comme ceux des Gaules, lui décerner naturellement la suprématie.

Les degrés qui firent monter l'épiscopat romain à un pouvoir théocratique d'une espèce nouvelle furent le temps, le mérite, l'intérêt de l'Italie, l'appui des Francs, l'ascendant de la religion, l'empire qu'exercent les traditions sur les hommes, quand elles se confondent avec leurs croyances ; la nécessité pour tous d'une autorité générale. Il y eut un moment où les causes déterminantes d'une grandeur future furent assez visibles pour être comprises par les évêques de Rome, et dès-lors l'idée de la papauté fut conçue.

A ce moment aussi l'esprit chrétien se contredit et se transforma. L'humilité primitive fut dépouillée ; à l'empire du ciel on voulut joindre celui de la terre ; on ne se borna plus à instruire et à purifier les hommes, on désira les gouverner ; l'ambition prit la place du renoncement aux grandeurs, et l'habileté vint se mettre à côté de la vertu.

Rome, l'Italie, le monde, voilà les trois objets de la pensée des papes. Ils avaient à gouverner Rome en se défendant contre les instincts républicains qui la possédaient toujours. Ils avaient à soutenir le rôle de protecteurs de l'Italie et de sa liberté, et à choisir dans la péninsule des partisans et des adversaires ; ils devaient enfin se montrer en spectacle et en maîtres au monde, le bénir et le diriger, intervenir puissamment entre les rois et les peuples, avoir la tête assez haute, l'âme assez grande, l'œil assez sûr pour voir tous les hommes et s'en faire invoquer.

A soutenir cette situation immense, toutes les aptitudes et toutes les ressources humaines suffisaient à peine. Il n'y a point à s'étonner de la décadence de la papauté dans l'histoire moderne, mais de son élévation et de sa durée, qui sont au surplus un des plus grands hommages que le genre humain ait jamais rendus à l'autorité du talent et de la pensée. Les papes durent se montrer tour à tour riches comme des princes, pauvres comme des moines, saints et habiles, humbles et arrogants ; ils durent souvent aller chercher des rois pour s'en faire secourir et adorer, ou bien du haut du Vatican lancer sur leur tête plus que la foudre, la terreur. Ajoutez à ces nécessités le jeu des passions, les épisodes dont ne pouvaient être avares la perfidie et la licence italiennes, les réactions furieuses que devaient soulever chez les laïques, princes et peuples, les entreprises catholiques, et il faudra reconnaître combien était nouvelle dans les fastes humains cette théocratie qui convoitait à la fois les propriétés de Mathilde et l'empire du monde.

L'histoire de la papauté est un des plus beaux sujets qui puissent s'offrir à la plume du penseur ; elle a la rigueur d'un système, l'intérêt d'un drame, l'ironie d'une comédie. De grandes époques la divisent naturellement. Les premiers siècles de l'épiscopat romain jusqu'à Grégoire Ier sont comme une introduction simple et progressive qui nous mène aux premiers développements politiques de l'autorité morale qu'exerce l'église de Rome sur les autres églises. Grégoire Ier est vraiment la lettre initiale de cette grandeur spirituelle dont il pose les fondements au commencement du VIIe siècle, en mêlant l'habileté de l'homme d'état aux vertus du prêtre. Par toutes les voies il poursuit le succès : il flatte Phocas malgré le sang qui couvre l'usurpateur ; il félicite les Francs d'avoir pour reine l'excellente Brunehaut ; il sacrifie tout au désir de mettre Rome en rapport avec les puissants.

Chapitre 2
La Papauté au moyen-âge

I

Leibnitz, dans la préface de son *Codex diplomaticus*, établit qu'au moyen-âge le pape et l'empereur étaient les deux chefs de la république chrétienne. Il y eut, en effet, après la dictature de Charlemagne et le travail des races au IXe et au Xe siècle, un grand développement dans l'histoire humaine ; c'était la formation morale de l'Europe elle-même qui se sentait individuelle, solidaire et chrétienne. Une société nouvelle, contraste notable avec le passé connu du genre humain, s'organisait sous la forme de cette république à deux têtes dont parle Leibnitz.

Ce fait immense suffit à défrayer trois siècles qui constituent, à proprement parler, le grand moyen-âge ; car avant le XIe cette république chrétienne n'existe pas, et après le XIIIe elle tombe. Il y a donc une trilogie naturelle et majestueuse qui se présente dans les annales modernes, nous voulons dire le XIe, le XIIe et le XIIIe siècle. Cette période est une, progressive, complète : elle a sa raison comme un système, son dénouement comme une tragédie ; elle satisfait la foi du *croyant*, l'imagination de l'artiste, l'intelligence du penseur ; elle est la manifestation historique du christianisme, son exaltation, sa gloire ;

elle est pour le catholicisme ce que furent pour le polythéisme grec les années qui s'écoulèrent depuis Solon jusqu'à Périclès.

Nous croyons n'avoir besoin d'aucun effort pour être juste envers le moyen-âge, et nous en parlerons sans engouement comme sans mépris. Nous ne sommes pas de ceux qui font des prospérités du catholicisme et de la papauté l'apogée du bonheur et de la vérité dont puissent jouir les hommes : nous pensons au contraire que la chute de la théocratie romaine, dans sa prétention à la suprématie politique, a été la condition nécessaire des progrès ultérieurs de l'Europe ; mais comme avant la décadence a brillé une gloire utile au monde, il est juste de s'en rendre compte, et d'en reconnaître la raison et la valeur. Les luttes du sacerdoce et de l'empire n'affectent pas plus les intérêts présents que les discordes du patriciat antique et de la démocratie romaine. Les cinq siècles qui nous séparent de cette grande querelle ont si bien transformé l'Europe, que nous pouvons parler des affaires des papes et des impériaux avec un désintéressement plus facile encore en France qu'en Allemagne. Notre clergé gallican, nos parlements et nos rois nous ont préservés des violences sacerdotales qui ont désespéré les princes des maisons salique et de Souabe, et comme presque toujours la France a su se défendre avec bonheur des empiétements de la papauté, il se trouve que nos traditions historiques ne nous ont légué ni ressentiments contre elle, ni enthousiasme suranné pour ce qui lui reste de prétentions et de regrets. En Allemagne, il y a encore des publicistes qui se passionnent pour la cause de l'église, ou pour le parti des Hohenstaufen, et qui enveniment les dissensions contemporaines avec l'âcreté de leurs souvenirs. A lire certains endroits de l'*Athanasius* de Goerres, ne dirait-on pas un contemporain d'Alexandre III, et n'est-il pas sensible que la mystique éloquence du professeur de Munich veut renouer la chaîne des temps avec les colères du XIIe siècle ? Ici nous sommes à l'abri de semblables réminiscences ; pour les débats, les partis, les excès, les qualités, les mérites, et les grandeurs de ces anciens jours, nous ne pouvons avoir que cette curiosité impartiale de l'esprit qui double le plaisir du spectacle parce qu'il en augmente l'intelligence.

Trois cents ans après la prédication de l'Évangile, Constantin imposait le christianisme à l'empire romain ; dans les dernières années du Ve siècle, le chef des Francs, Clovis, embrassait la foi nouvelle ; à la fin du VIIe, l'évêque de Rome, célèbre sous le nom de Grégoire-le-Grand, commençait à fonder l'autorité morale de la papauté. Ces trois faits sont les véritables fondements du sacerdoce et de l'empire au moyen-âge ; mais que d'années et de conditions furent nécessaires entre ces premiers principes et le complet développement de leurs conséquences ! Sans doute il était naturel que le christianisme, idée générale qui primait par son universalité l'esprit polythéiste, enfantât dans l'ordre religieux et dans l'ordre politique un pouvoir général ; mais ce mouvement nécessaire ne venait pas moins se heurter contre des obstacles multiples et puissants. Sur les ruines du monde antique tout était dispersé, languissant, immobile. La vie était dans les âmes des chrétiens nouveaux, mais non plus dans les formes sociales : les mœurs et les institutions des vainqueurs et des vaincus mettaient à côté l'une de l'autre leur corruption et leur barbarie ; accouplement stérile, si des mouvements extérieurs ne venaient faire pénétrer le ferment de la vie. Les cités étaient administrées par leurs *défenseurs* Les évêques gaulois et francs gouvernaient leurs troupeaux ; les tributs et cohortes des vainqueurs gardaient leurs coutumes et leurs mœurs ; mais il n'y avait là ni pensée, ni pouvoir général. Comment interviendra parmi ces éléments l'animation supérieure qui doit les transformer et les unir ?

La France et l'Allemagne ne sont arrivées qu'à travers le sang et la douleur à la vie moderne. Elles eurent d'abord à subir les duretés de la domination romaine. Paul Orose compare la Gaule épuisée et domptée par César à un malade pâle et décharné que défigure une fièvre brûlante, et l'éloquence de Tacite a sauvé de l'oubli les combats rendus par le patriotisme germanique. Quand les Romains eux-mêmes furent tombés, les Germains se divisèrent entre eux sur le sol de leurs conquêtes. Le territoire des vaincus se partagea en Austrasie, Neustrie, Bourgogne et Aquitaine ; les Francs habitaient les deux premières parties et ils appelaient Romains les peuples des deux autres. L'Austrasie avait Metz pour capitale, et la Neustrie Soissons. En Neustrie, les petits propriétaires, *arimani*, hommes libres, étaient puissants et composaient la majorité des assemblées nationales ; en

Austrasie régnait une aristocratie militaire assez forte pour braver l'autorité royale, et cette lutte entre les leudes et les rois devint bientôt une lutte entre la Neustrie et l'Austrasie, entre les deux esprits qui divisaient les deux tribus des Francs.

A Metz, on était resté Germain ; à Soissons, on avait dégénéré ; en Austrasie, on voulait la guerre et de nouvelles conquêtes ; en Neustrie, on ne désirait que la paix et les plaisirs. Entre la mollesse et l'énergie la victoire ne pouvait être douteuse. Il se forma dans l'Austrasie une sorte de république aristocratique qu'un homme parvint bientôt à conduire, Pepin d'Héristall. Il sut grouper autour de lui des Saxons, des Frisons, des Cattes et des Thuringiens, c'est-à-dire qu'il eut sous la main toute la force germanique. A Testry, il triompha des Neustriens, et, sans prendre le titre de roi, il put gouverner avec une égale autorité l'Austrasie et la Neustrie. Celui de ses fils qu'il aimait le moins se trouve un héros et continue son œuvre : il assure la domination de l'esprit allemand ; au commencement du VIIIe siècle, les Francs orientaux sont formidables et les Sarrasins peuvent venir.

Quand la hache d'armes de Charles dit *Martel* eut brisé l'étendard du croissant dans les plaines de Poitiers, les affaires de l'Europe chrétienne prirent de la grandeur et de la généralité. Le Franc avait abattu l'Arabe, et cette victoire donnait à l'Occident conscience de lui-même. Dans l'intérieur des tribus franques, le commandement ne pouvait plus échapper aux hommes de l'Austrasie, et parmi les Austrasiens, à une famille qui comptait déjà deux héros, d'autant plus que le même sang en produisit d'autres. La Grèce avait fini par Alexandre, Rome républicaine, par César ; Dieu voulut que l'Europe moderne commençât par Charlemagne.

Le père de cet homme, qui était fils de Charles Martel, se fatigua de gouverner l'Austrasie et la Neustrie sous le nom de maire du palais, et il se prit à penser que, puisqu'il avait les vertus d'un roi, il devait en avoir le titre. Le temps lui semblait venu de faire échanger à Childéric III le trône contre le cloître. « Il envoya Burchard, évêque de Wurtzbourg, et le prêtre Fulrad, à Rome, au pape Zacharie, pour consulter le pontife au sujet des rois qui existaient alors dans la *Francia*, qui avaient le nom, mais point la puissance. Par leur entremise, le pontife répondit qu'il valait mieux que celui-là fût roi, en qui résidait la réalité de la puissance, et de son autorité il décida que Pépin devait être constitué roi.» L'année suivante, pour achever de transcrire le récit de l'annaliste Éginhard, Pépin, en vertu de la sanction du pontife romain, fut proclamé roi des Francs. Boniface, archevêque et martyr de bienheureuse mémoire, lui conféra cette dignité par l'onction sainte. Pépin fut élevé sur le trône royal, suivant l'usage des Francs, dans la ville de Soissons ; quant à Childéric, qui portait à tort le nom de roi, on lui coupa la chevelure et on l'enferma dans un monastère. » Cela se passait deux siècles et demi après la victoire de Clovis dans les plaines de Soissons.

Quelle est donc cette puissance morale que le chef d'un grand peuple consulte sur la convenance d'une usurpation, et de laquelle il veut, pour ainsi dire, emprunter le droit, quand il a le fait dans sa main ? Pendant le cours du VIIe siècle, qu'avait inauguré dans Rome l'épiscopat de Grégoire Ier, à la fois écrivain et administrateur, chrétien enthousiaste et homme d'état, ses successeurs acquirent une autorité d'autant plus forte qu'ils ne la définissaient pas eux-mêmes, et qu'elle était invoquée par les docteurs et les églises sans qu'ils eussent besoin de l'imposer les premiers. Voilà pour le dehors. Dans la ville même, un esprit d'indépendance italienne et catholique, que provoquaient les folles réactions de Constantinople contre les images et les excès des Lombards ariens, concourait à établir l'autorité de l'évêque comme chef d'une sorte de république. Un état romain tendait à se former sous la protection du Christ, *corpus Christo dilectum*, et sous le gouvernement du pape, qu'on disait préposé par Dieu même, *à Deo decretus dominus noster*. Il y avait donc là des éléments moraux et politiques qui attendaient la fécondation du temps et des occasions heureuses.

Au VIIIe siècle, l'Occident avait deux forces, Rome et les Francs, la religion des Grégoire, l'épée des Carlovingiens, et l'alliance de ces deux forces devait être la source d'une complète puissance. Non-seulement les faits nécessaires arrivent toujours, mais souvent ils se produisent par des incidents dont la physionomie est singulièrement ironique. Qui pousse le pape à s'aboucher avec les Francs ? L'empereur de Constantinople, qui, du même coup, abdique le protectorat de l'Italie et reconnaît une force politique supérieure à la sienne. Le successeur de Zacharie, deux ans après la consultation pontificale qui conférait à l'Austrasien le droit et la légitimité, passe les Alpes, et se prosterne devant Pépin, qui, par un juste retour, lui tend la main, promet de traverser les monts pour son service, se fait sacrer par lui une seconde fois, tient son serment, lui donne vingt-deux villes et l'établit prince temporel. Noble échange ! Ces deux hommes se prêtent l'un à l'autre ce dont ils ont besoin : l'un emprunte de la force et se confirme par des ressources positives dans sa spiritualité ; l'autre, sous le casque et la cuirasse, reçoit le sacre de la religion, l'investiture sociale, et il résulte de ce grand contrat que le pape est puissant et le roi légitime.

Dans Charlemagne il y a deux parts à faire, celle de l'Allemand, du Franc indomptable et passionné, pour qui la guerre contre le Saxon est un plaisir dont il ne peut se rassasier, qu'une attraction irrésistible appelle au-delà du Rhin, qui ne se plaît que sur les rives de ce fleuve ou sur celles du Danube, qui a besoin de faire des chrétiens de par le fer et le sang, et de courber les peuples du Nord devant la croix de Clovis ; puis celle de l'homme qui appartient aussi au reste de l'Europe, qui se doit non-seulement au Nord, mais au Midi, non-seulement à la Saxe, mais à l'Espagne, non-seulement aux Avares de la Raab, mais à l'Italie, que la main de Dieu rappelle au centre, à Rome, pour le rattacher au passé du monde et le sacrer empereur romain. Suivons les actions de Charles : nous le verrons sur les bords du Rhin, du Danube, de l'Elbe, du Weser, parce qu'il s'y est porté de son propre mouvement ; il y propage le christianisme par l'épée, c'est-à-dire à la manière de Mahomet, et la cause de l'Évangile ne se montre pas moins impitoyable que l'islamisme. Voilà l'œuvre que l'homme d'Ingelheim et d'Aix-la-Chapelle comprend et affectionne par-dessus tout ; c'est un Franc qui hait les Saxons, c'est un Allemand chargé d'apporter aux peuples du Nord le baptême de sang. S'il s'engage dans les Pyrénées, il y a été provoqué ; son cœur ne l'y appelait pas. S'il détruit la monarchie des Lombards, c'est Didier qui l'y contraint par ses perfides imprudences ; s'il accepte la couronne impériale, c'est le pape qui va le chercher à Paderborn pour le mener à l'autel de Saint-Pierre.

Combien il était naturel au successeur de Grégoire, de Zacharie et d'Adrien, de songer à transporter, de la tête des indignes héritiers de Constantin sur celle du roi des Francs, le nom et la puissance d'empereur. Il travaillait ainsi pour l'Occident, pour la religion catholique, qui régnait dans l'Italie, dans la Gaule, et déjà dans la moitié de l'Allemagne. Ce n'était plus le *pallium*, mais la couronne impériale, qu'il offrait au fils de Pépin, et l'Occident n'était plus inférieur à Constantinople.

Aux hommes qui vivent sur des théâtres historiques, les idées politiques viennent facilement. Léon III conçut la résurrection de l'empire d'Occident par une de ces réminiscences qui font la solidarité du genre humain. L'homme à qui l'offre s'adressait pouvait y répondre, et sa main suffisait à porter le globe qu'on lui présentait. Voilà le véritable bonheur ; c'est de recevoir des évènements toute la grandeur dont on est digne. Ainsi l'empire d'Occident revivait trois siècles après sa chute, le jour de Noël de l'an 800, à l'heure même où l'on célébrait la naissance du Christ. A cette nouvelle, les peuples de l'Europe furent joyeux, parce qu'ils se sentirent plus grands ; tous prêtèrent à Charles un autre serment, car ils avaient à reconnaître et à révérer en lui, non plus un roi franc, mais le *grand et pacifique empereur des Romains, couronné par Dieu même*.

L'incendie du pont de Mayence, et le tonnerre tombant sur la chapelle d'Aix, annoncèrent la mort de Charles et le chaos du IXe siècle. A la surface se dessine une ébauche de grandeur et d'unité ; l'empire d'Occident est ressuscité, l'évêque romain s'élève graduellement au-dessus des autres évêques. Mais la magnificence de ces formes est trop nouvelle pour n'avoir pas à essuyer des tempêtes ou de longs ajournements de prospérité. Au fond, les éléments de l'Europe moderne sont en travail. Le christianisme déjà puissant comme lien moral et sentiment intime, la France et l'Allemagne jetant dans le traité de Verdun les fondements de leur nationalité, l'Angleterre se préparant à entrer dans le mouvement des affaires communes par l'héroïsme et la sagesse d'Alfred, les côtes de la France et de la Germanie envahies par les Normands, les Hongrois, plus cruels que les Normands et vomis par les montagnes de l'Asie septentrionale sur l'Allemagne, sur la Provence et l'Italie, sont quelques traits de cette confusion tragique et féconde. A la fin de cette époque (888), l'empire de Charlemagne était complètement dissous. L'esprit théocratique de Rome était alors ce qu'il y avait de plus vivant ; et quoique dix papes se soient succédé dans les dix-huit dernières années du IXe siècle, cette multiplicité ne fut pas un obstacle à la persévérance de la même politique. Le pape Formose couronna successivement deux empereurs, Lambert et Arnoulf : deux ans après, il convoqua un concile à Ravennes, où la souveraineté de l'empire d'Occident sur Rome et sur l'état ecclésiastique fut hautement reconnue. Il est facile de comprendre que l'évêque de Rome avait encore besoin de se déclarer lui-même l'inférieur de l'empereur, pour garder le droit de le couronner.

Cependant s'éteignait en Allemagne, par la mort de Louis IV, fils d'Arnoulf, la lignée bâtarde de Charlemagne, et les Allemands ne permirent pas à la couronne transrhénane de se poser sur la faible tête de Charles-le-Simple, qui réunissait dans sa personne tous les droits de la maison carlovingienne. Ce fut l'aristocratie saxonne, cette fière noblesse dont les ancêtres avaient si vaillamment résisté à Charlemagne, qui recueillit son héritage germanique et reçut le pouvoir de la généreuse déférence des ducs de Franconie. A Mersebourg, Henri-l'Oiseleur fonda l'indépendance de la race allemande sur les cadavres des Hongrois. Son fils Othon répéta ce triomphe, et, sous les murs d'Augsbourg, assura la délivrance de son pays. Désormais les Hongrois devinrent plus sédentaires, et, loin de se répandre au dehors, ils s'environnèrent chez eux de fossés et de remparts : la race primitive, le sang turc ou finnique, se mêla avec de nouvelles colonies slaves. Geysa, un de leurs chefs, épousa une princesse de Bavière, accorda des dignités à des nobles de l'Allemagne, se fit chrétien, entraîna les siens par son exemple aux autels catholiques, et la nation hongroise devint un des peuples les plus braves et les plus chevaleresques de l'Europe.

Rome était dans une situation singulière. Le patrice Albéric l'avait gouvernée jusqu'en 954 : son fils Octavien, qui avait succédé à son autorité civile, prit, en 956 ; le titre de pape et le nom de Jean XII. C'était un enfant imprudent et dissipé, dont les mœurs, au surplus, étaient celles de Rome même, théâtre de ses folies ; car alors, au rapport de Luitprand, lorsqu'on voulait désigner un homme perfide, avare, vicieux, on l'appelait un Romain. Jean XII envoya des députés à Othon pour le prier de le défendre contre les fureurs de Bérenger et du comte Adalbert, son fils, et pour lui proposer la couronne impériale. Ainsi, encore une fois, l'évêque de Rome sollicitait le roi des Allemands de se déclarer empereur ; il répète à la maison de Saxe l'offre adressée aux Carlovingiens. Le pape est un jeune homme sans sagesse ; mais la pensée et les traditions politiques sont déjà si fortes, qu'elles se font obéir par un voluptueux étourdi.

Othon reçut la couronne impériale, et confirma les donations de Pépin et de Charlemagne, mais avec la restriction expresse de sa propre souveraineté sur la ville de Rome et tous les domaines de l'église. Ces concessions si larges à la suprématie allemande inspirèrent bientôt des regrets à Jean XII : il se rejeta du côté d'Adalbert ; mais sa révolte fut impuissante, d'autant plus que ses déportements avaient provoqué une dénonciation unanime, portée par les Romains au tribunal du nouvel empereur. Le pape s'en vengea en excommuniant tous les évêques ; néanmoins un concile le déposa, et en sa place élut Léon VIII ; trois mois après, Jean XII fut assassiné dans une nuit de plaisir et d'adultère.

Entre Léon VIII et Othon intervint un décret qui réglait les rapports entre la couronne et la thiare. Il était stipulé :

Que nul n'aurait le droit d'élire le pape ou tout autre évêque sans le consentement de l'empereur ;

Que les évêques élus par le clergé et le peuple ne seraient pas sacrés avant la confirmation impériale, hormis quelques sièges dont l'empereur cédait l'investiture aux papes et aux archevêques ;

Qu'Othon, roi des Allemands, et ses successeurs au royaume d'Italie, auraient à perpétuité la faculté de choisir celui qui devrait régner après eux ;

Qu'ils auraient la faculté de nommer les papes ;

Que les archevêques et évêques recevraient d'eux l'investiture et la consécration.

Les Italiens ont traité ce texte d'imposture et de chimère. Les jurisconsultes allemands en ont maintenu l'authenticité, et le publiciste Pfeffel nous paraît résumer avec impartialité ces débats, quand il dit : « Si l'on considère que Luitprand, évêque de Crémone, qui a porté la parole au nom de l'empereur dans le concile de Rome, raconte dans son histoire exactement les mêmes choses qu'on trouve dans le décret ; que les fameux canonistes Ives de Chartres et Waltram de Naumbourg l'ont cité et reconnu pour véritable dès le

XIe siècle ; que le moine Gratien l'a inséré par extrait dans son *Decretum* ; que les souverains pontifes qui ont corrigé cette compilation, n'ont jamais songé à l'en effacer, et qu'enfin il n'attribue point de droits à Othon Ier que les anciens empereurs romains, les exarques et les empereurs carlovingiens, n'eussent exercés, et que l'histoire de ses successeurs ne justifie ; il n'est guère possible de ne pas se déclarer pour la vérité de cette célèbre constitution. » Rome était prise au piège : cet empire d'Occident, qu'elle avait provoqué, l'opprimait, et ses espérances de domination théocratique étaient impitoyablement étouffées par l'orgueil allemand. Après la mort de Léon VIII, les commissaires de l'empereur firent élire Jean XIII ; pour le maintenir contre les révoltes des Romains, Othon fut obligé de repasser les Alpes ; pendant son séjour à Rome, douze des principaux citoyens furent pendus, et le préfet de la ville fustigé sur un âne. L'empereur de Constantinople affecta de se plaindre à Luitprand de ces violences, et l'ambassadeur d'Othon lui répondit qu'il avait tort de trouver mauvais que le roi des Allemands tranchât du maître en Italie, puisque tous ses prédécesseurs à lui, Nicéphore Phocas, s'étaient endormis sur leur trône, puisqu'ils avaient porté le titre d'empereur romain sans en remplir les devoirs et sans en montrer la puissance. Othon Ier fut au Xe siècle l'homme de l'Europe. Nous le trouvons en relation avec le calife de Cordoue, Abdel-Rahman, allié de l'empereur grec par le mariage de son fils avec la princesse Théophanie, libérateur et roi de l'Allemagne, maître de l'Italie, empereur d'Occident, fort au centre de ses états comme aux extrémités, fondant en Allemagne la puissance ecclésiastique, qui était un instrument de civilisation, et l'abaissant en Italie par ces instincts d'empereur qui ne sauraient supporter la domination d'un prêtre.

Le Xe siècle fut peu favorable à l'esprit de la théocratie italienne ; le christianisme s'étendait dans le nord de l'Europe, se fortifiait en Allemagne et en France ; mais le pouvoir papal, qui s'était flatté d'être, avec l'empire d'Occident, la seconde tête de l'Europe, languissait sans autorité. La mort d'Othon-le-Grand ne lui fut pas une occasion de réveil. Ce n'est pas un prêtre, mais un consul, Crescentius, fils de Théodora et du pape Jean X, qui tenta d'arracher Rome à la domination d'Othon II et d'Othon III. Ce consul, insupportable aux papes, imagina de recourir à l'autorité de l'empereur de Constantinople, invocation imprudente et désastreuse qui le conduisit à une fin tragique. Après une capitulation, Othon III lui fit trancher la tête. La France, non moins que l'Allemagne, se préparait à causer des déplaisirs à l'ambition papale, mais d'une autre façon, non par la tyrannie, mais par l'indépendance. Dans ses mouvements pour rassembler ses principes et dessiner la forme de sa nationalité, elle rejetait loin d'elle le dernier reste du sang carlovingien, et elle préférait un seigneur français à Charles de Lorraine. Le chef de la troisième race voulait recevoir sa consécration, non plus de l'évêque de Rome, mais de l'archevêque de Reims ; il ambitionnait une usurpation toute française.

Nous connaissons parfaitement tout le détail de nos affaires à la fin du Xe siècle par les lettres d'un moine d'Aquitaine, appelé Gerbert, d'abord secrétaire d'Adalbéron, l'archevêque de Reims qui sacra Hugues Capet, puis précepteur du jeune Robert, fils du nouveau roi, pape enfin sous le nom de Sylvestre II. Cet homme extraordinaire savait les sciences exactes et les sciences naturelles soit qu'il les eût cultivées au fond de son couvent, soit qu'il eût été les chercher à Cordoue ; il entendait l'arabe. Il embrassa d'abord la cause des Carlovingiens, puis il la quitta ; il fut à la fois le partisan des Othon et de Hugues Capet. Il nous a transmis les paroles de l'évêque d'Orléans qui s'éleva contre Rome, et la dépeignit en plein concile comme abandonnée de tout secours divin et humain, comme ayant perdu l'église d'Alexandrie, celle d'Antioche, l'Afrique, l'Asie, Constantinople, et devant bientôt perdre l'Europe. Le 2 avril 999, Gerbert fut choisi pour pape, par Othon III ; c'était le premier Français mis à la tête des prêtres italiens. Il régna quatre ans et quelques mois. A un esprit étendu il joignait une sensibilité vive ; c'est lui qui jeta le premier cri des croisades, et qui, indigné des persécutions que le calife Hakern infligeait aux pèlerins de Jérusalem, écrivait à toutes les églises ces lignes éloquentes, où il fait paraître Jérusalem elle-même s'écriant : « Lève-toi, soldat du Christ ; prends son drapeau ; combats pour lui ; ce que tu ne peux par les armes, fais-le par la prudence et les richesses ; vois ce que tu donnes et celui à qui tu donnes. » Cette généreuse apostrophe, adressée à l'Europe chrétienne, n'a pas sauvé Gerbert des injures de Baronius, qui le traita, au XVIe siècle, d'impudent, de furieux et de superbe. Quand il mourut, on dit à Rome que le diable était venu lui redemander son âme. Le peuple l'appelait magicien ; un moine l'appela philosophe : c'est le docteur Faust de la papauté.

La première année du XIe siècle, les hommes respirèrent plus librement ; ils étaient affranchis de la crainte de voir le monde finir, car on avait pris à la lettre le vingtième chapitre de l'Apocalypse, et le genre humain, qui comptait mille ans depuis la naissance de Jésus-Christ, avait eu peur de mourir. On se remit donc à vivre avec joie, avec énergie, et un grand siècle commença. Ses résultats se firent quelque temps attendre et ne parurent que dans sa dernière moitié. Cependant la première partie nous montre déjà le christianisme continuant ses progrès, et faisant tomber devant lui les idoles dans la Suède et dans la Norvège, les expéditions et les conquêtes des Normands en Italie, le califat de Cordoue expiant ses prospérités par l'extinction de la dynastie des Ommiades, et par un démembrement qui, multipliant les principautés mahométanes, affaiblit l'islamisme contre les chrétiens espagnols ; enfin, les Arabes, qui bientôt disparaîtront en Espagne devant les Maures, vaincus en Syrie par les Turcs Seljoucides, dont l'empire glorieusement éphémère ne tarde pas à se partager en trois branches principales. Mais quelque chose de supérieur encore à ces grands évènements devait agiter les affaires du monde. Les rapports de l'église et de l'empire, de l'Allemagne et de l'Italie, la situation même de la religion catholique, telle était la difficulté capitale qu'il fallait vider.

Henri, duc de Bavière, arrière-cousin germain d'Othon III, avait été élu roi des Allemands, à Mayence, par la nation bavaroise et par les princes des provinces rhénanes. Benoît VIII lui mit sur la tête la couronne impériale, et obtint la promesse de sa protection toute puissante. Il passa lui-même en Allemagne, et célébra à Bamberg, avec l'empereur Henri, le jeudi saint et la fête de Pâques de l'an 1020. Fleury conjecture que ce fut dans cette circonstance qu'Henri confirma toutes les donations de ses prédécesseurs, confirmation qui tournait en nouveau témoignage de la souveraineté impériale. Le pape et l'empereur moururent la même année (1024). Le successeur de Benoît VIII fut Jean, son frère, qui ne fut élu qu'à force d'argent. Après lui, le pape fut un enfant de douze ans, qui, sous le nom de Benoît IX, devint bientôt le scandale des Romains par ses licencieuses et meurtrières folies. On le chassa, puis on élut, en sa place, Jean, évêque de Sabine, sous le nom de Silvestre III. Benoît contraignit Silvestre de retourner dans son évêché ; mais, après avoir obtenu de rentrer dans Rome, il se rendit encore plus odieux au peuple, tellement qu'il s'effraya de lui-même, et vendit le pontificat pour une somme considérable à un archiprêtre nommé Jean Gratien, qui prit le nom de Grégoire VI. Quand le roi des Allemands, Henri III, fils et successeur de Conrad, vint à Rome, il y trouva trois papes ; pour les mettre d'accord, il les déposa tous les trois, et en fit élire un quatrième, un

Allemand, Suidger, évêque de Bamberg, qui s'appela Clément II, et couronna Henri empereur le jour de Noël 1046. Son règne, qui dura dix ans, fut l'apogée de la suprématie impériale. Henri donna trois autres papes aux Romains, en vertu de la célèbre promesse faite à Othon Ier et renouvelée entre ses mains à l'ordination de Clément II, de ne reconnaître aucun pontife sans l'approbation de l'empereur. Ces trois autres papes, Damase II, Léon IX et Victor II, étaient encore des Allemands : l'empereur ne voulait poser la thiare que sur la tête d'un de ses sujets. Hors de l'Italie, le clergé n'était pas plus indépendant, la hiérarchie féodale l'avait enveloppé de toutes parts durant le cours du Xe siècle, sans qu'il s'en aperçût, et les évêques étaient les vassaux non-seulement des rois, mais encore des comtes et des ducs, qui trafiquaient des dignités ecclésiastiques et quelquefois même en disposaient par testament. A la moitié du XIe siècle, l'église manquait donc sur tous les points de l'Europe de pouvoir et de liberté.

Quand, au VIIIe siècle, les Carlovingiens prêtèrent de la force à Rome, elle était reconnue par les autres églises comme souveraine maîtresse dans la doctrine et dans les matières de la foi ; elle n'avait donc plus qu'à réunir à cette supériorité intellectuelle l'autorité politique. Tant que régnèrent les descendants de Charlemagne, la papauté put espérer qu'elle s'élèverait graduellement au niveau de l'empire : elle semblait consentir à y mettre du temps, pourvu que la certitude d'atteindre le but ne l'abandonnât pas. Cette longue attente était cruellement déçue ; mais enfin le moment arrivait où ces mécomptes amers allaient aboutir à de l'audace, à du génie. Assez et trop longtemps l'arrogance des Allemands avait opprimé la thiare qui avait sacré leur couronne. Puisque Rome avait eu des prêtres qui avaient conçu le partage de la chrétienté entre le pape et l'empereur, et qui avaient confié cette grande pensée à la patience de deux siècles, elle en aura d'autres qui ne voudront pas qu'une déception finale soit la récompense du Vatican, et qui éclateront par d'impitoyables colères, réveil énergique de tant de résignation et d'humilité. Nous entrons désormais dans une série d'évènements et d'idées où les maximes chrétiennes de l'Évangile seront foulées aux pieds, mais où les témoignages de la grandeur humaine abonderont, où le pape ne sera ni un saint, ni le chapelain de l'empereur, mais un grand homme et le dictateur moral de l'Europe. La nature humaine est plus forte, les nécessités historiques l'emportent ; et quoique Rome ait juré d'être humble aux autels du Christ, elle affectera de nouveau l'empire du monde avec une superbe qui n'aura rien à envier à l'orgueil antique.

Ce fut le fils d'un charpentier qui vint en aide à l'église. Dans la ville de Saone, en Toscane, un artisan nommé Bonizo, eut un fils auquel il donna le nom d'Hildebrand ; on ignore l'année de sa naissance ; on raconte seulement que, dans l'atelier de son père, le jeune enfant, jouant avec quelques débris, figura des lettres qui formaient cette phrase du psalmiste : *Il régnera d'une mer à l'autre*. Le monastère de Notre-Dame-de-Saint-Aventin reçut Hildebrand, qui eut aussi pour maître l'archiprêtre Jean Gratien, pape un moment sous le nom de Grégoire VI. On présume qu'il accompagna Jean Gratien hors d'Italie, quand celui-ci, ayant résigné la papauté, suivit en Allemagne l'empereur Henri III. C'est alors qu'il vint à Cluny, et qu'il connut cette sainte et délicieuse retraite qui, depuis plus d'un siècle, dans un site enchanteur, s'élevait comme la maison de la grâce et florissait comme le jardin de Dieu. Là son caractère put se développer et grandir dans l'exaltation d'une piété solitaire, et sous la règle d'une discipline rigide. Il est remarquable que les hommes qui se sont le plus mêlés à leurs semblables, pour les conduire et les changer, se sont préparés par la solitude à leur tumultueuse grandeur. Moïse et Mahomet ont habité le désert avant de remuer les multitudes ; Hildebrand a vécu sous les silencieux arceaux d'un cloître, avant d'ébranler l'Europe. Quand plus tard ces puissants anachorètes passent de leur retraite dans la foule, ils sont encore d'autant plus seuls, qu'ils sont plus grands, et ils éprouvent que la vraie solitude au milieu des hommes est dans la force de l'esprit. Après un voyage à Rome, Hildebrand revint à Cluny, dont il fut le prieur ; il sortit encore de sa solitude pour paraître à la cour de l'empereur, et même s'il faut en croire un témoignage, pour donner des soins à l'éducation du jeune Henri. Quoi qu'il en soit, il fit une impression profonde sur l'empereur, qui disait n'avoir jamais entendu prêcher la parole de Dieu avec une si haute confiance. On raconte même que sur la foi d'un songe bizarre qui lui avait montré Hildebrand armé de cornes et roulant son fils dans la boue, Henri III l'avait jeté dans un cachot dont l'aurait fait sortir la gracieuse intervention de l'impératrice Agnès.

De retour à Cluny, le prieur put méditer sur le spectacle qu'il quittait. Il avait vu l'église dans la plus complète dépendance de l'empire, l'empereur nommant le pape et, le remplaçant même dans les soins et le ministère spirituel ; car la simonie était alors si scandaleuse qu'elle avait Henri III pour adversaire, et que c'était le roi des Allemands, et non pas le souverain pontife qui avait prononcé cette sentence : *Aucune fonction sainte ne doit être le prix de l'or, et celui qui veut l'acquérir ainsi doit être privé de ses honneurs.* Quelle leçon ! c'était un laïque, et non pas un prêtre, qui gémissait sur l'église, et lui adressait des reproches d'une accablante justice. Mais encore quelques moments, et l'esprit sacerdotal se réveillera ; il brûle, ardent et sombre, dans le cloître de Cluny, et l'un des papes nommés par l'empereur va recevoir d'Hildebrand une inspiration, premier signe d'une grande résistance. Bruno, évêque de Toul, choisi par Henri, sous le nom de Léon IX, dans un synode à Worms, se rendit à Cluny, où il arriva en habits pontificaux le jour de Noël : il y trouva le prieur Hildebrand, qui sut bientôt le persuader et le dominer. Après de longs entretiens, il reconnut que l'empereur n'avait pas le pouvoir d'élire un pape, et que ce droit appartenait tout entier au peuple et au clergé de Rome ; aussi, docile aux suggestions du prieur, Bruno ne voulut entrer dans la ville pontificale que pieds nus, dans l'appareil d'un pèlerin, en déclarant qu'il retournerait à Toul, si le peuple et le clergé ne confirmaient pas son élection. On lui répondit par une acclamation unanime. Ainsi il commençait à établir que l'empereur n'avait pas un pouvoir absolu sur l'élection du pontife, et c'était le plus simple et le plus doux des hommes, *natura simplex atque mitissimus*, qui se permettait contre l'empire cette protestation hardie ; mais il s'appuyait sur un bras puissant : il avait Hildebrand à son côté, et pour être certain de le garder, il nomma le prieur de Cluny cardinal sous-diacre de l'église romaine et administrateur du couvent de Saint-Paul.

HIildebrand est aux affaires, il les anime, il les dirige. A la mort de Léon IX, le peuple et le clergé le chargent d'aller trouver l'empereur pour obtenir de lui l'autorisation de désigner le pape : Hildebrand propose à Henri III, Gebhard, évêque d'Eichstadt, qui fut agréé, et qui, sous le nom de Victor II, se fit de nouveau élire et confirmer par le peuple et le clergé romain. Ainsi une seconde fois la nomination impériale était subordonnée à l'élection romaine. Une occasion se présenta bientôt de relever, la papauté. Ferdinand-le-Grand, roi de Castille et de Léon, fils de Sanche-le-Grand, avait refusé l'hommage qu'il devait à Henri, et avait même usurpé le titre d'empereur. Henri demanda à un synode rassemblé à Toul et présidé par Hildebrand, alors légat en France, que l'église excommuniât le roi de Castille, et mît son royaume en interdit, s'il ne renonçait pas à un titre usurpé. Cette prière fut avidement accueillie : le concile se hâta d'adresser à Ferdinand des sommations sévères qui furent écoutées. Il était donc reconnu que le pape avait le droit de prononcer sur la légitimité des empereurs. La mort d'Henri III laissait le trône des Allemands à un enfant de cinq ans, et la mort de Victor II, suivie de celle d'Étienne IX, avait fait tomber la tiare sur la tête d'un évêque de Velletri, nommé Mincius, qui l'avait achetée à prix d'argent, et qui d'ailleurs était incapable de gouverner l'église. Hildebrand et ses amis tinrent une assemblée en Toscane où ils déposèrent ce nouveau pape, qui avait pris le nom de Benoît X et où ils élurent Gérard de Florence, qui s'appela Nicolas II. En même temps, ils conjurèrent par une ambassade l'impératrice Agnès, tutrice d'Henri IV, et les seigneurs allemands de faire tomber leur choix sur le même Gérard qu'ils avaient déjà promu ; la cour germanique y consentit, et le nouveau pape Nicolas II eut pour lui tant l'élection d'un synode que l'élection royale. On ne pouvait surmonter avec plus de bonheur les difficultés que présentait la double anarchie des affaires allemandes et romaines.

C'était bien quelque chose qu'à trois fois l'église elle-même fût intervenue directement dans la nomination du souverain pontife ; mais rien n'était réglé pour l'avenir, et à la mort de ses papes, vieillards dont le règne était souvent si court, Rome était ou déchirée par ses factions intestines, ou asservie par le roi des Allemands. Pour obvier à ces maux, Hildebrand osa une innovation capitale. Par ses conseils, un concile fut convoqué à Latran, au mois d'avril de l'an 1059 ; cent treize évêques y siégèrent.

Ce concile régla qu'à l'avenir, quand le pape serait mort, les évêques-cardinaux, avant tous, délibéreraient sur l'élection, qu'ils y appelleraient ensuite les clercs-cardinaux, et qu'enfin le reste du clergé et le peuple seraient appelés à donner leur consentement, sauf, ajoute le décret du concile, l'honneur dû à notre cher fils Henri (c'est Nicolas II qui parle), maintenant roi, et plus tard empereur, et on rendra le même honneur à ses successeurs, à qui le saint-siège aura personnellement accordé le même droit. Ainsi l'église se relevait fièrement contre l'empire ; elle sortait de l'humiliation où l'avait réduite le fameux décret du Xe siècle, entre Léon VIII et Othon Ier ; elle reprenait sa liberté d'élection ; en même temps elle la fixait dans les régions élevées, et, la dérobant aux caprices du peuple, elle assurait à la fois son indépendance et sa grandeur. A la même époque, Robert Guiscard se déclarait vassal du saint-siège, et reconnaissait posséder la Fouille, la Calabre, la Sicile à titre de fiefs ecclésiastiques. Les papes acquéraient ainsi dans les Normands de vigoureux défenseurs, et continuaient la politique qui avait demandé protection et vengeance aux Francs austrasiens.

Quand mourut Nicolas II, qui ne régna que deux ans et demi, plusieurs se demandèrent pourquoi Hildebrand ne serait pas pape, et pourquoi celui qui était l'ame de Rome n'en serait pas la tête aux yeux du monde. Mais Hildebrand ne voulait pas encore s'asseoir sur le trône papal ; il y gravitait sans se hâter : il pensait qu'il serait encore plus utile à côté que dessus, plus fort, plus obéi. Les grandes ambitions sont douées d'une patience inaltérable. Elles ne connaissent pas les vanités frivoles et les empressements puérils. La sublimité de leur convoitise les élève à l'héroïsme du dévouement, et le but suprême peut seul les émouvoir comme les remplir. Hildebrand était plus occupé des périls que courait la papauté que de sa propre fortune. L'église romaine aurait-elle le courage et la force de faire exécuter le décret de Latran ? Les cardinaux se hâtèrent de s'assembler et d'élire Anselme, évêque de Lucques, auquel on donna le nom d'Alexandre II. Mais plusieurs seigneurs italiens, que Nicolas II avait imprudemment aigris, protestèrent contre l'élection ; ils excitèrent une partie du peuple de Rome, et s'appelant le parti du roi, ils envoyèrent une députation à la cour germanique. Le conclave, de son côté, dépêcha au roi, en qualité de légat, Étienne, cardinal-prêtre et moine de Cluny ; mais Étienne ne put même obtenir audience, et, après sept jours d'attente, il fut obligé de rapporter à Rome le refus qu'avaient fait de l'entendre les conseillers d'Henri IV. Hildebrand ne faiblit pas : sur son avis, les cardinaux confirmèrent de nouveau l'élection d'Alexandre II. Alors le clergé lombard, qui ne voulait pas obéir à un prêtre romain, jeta les hauts cris, et à l'instigation du chancelier Guibert, auquel l'impératrice avait confié l'administration du royaume d'Italie, les évêques de Plaisance et de Verceil élurent pape Cadaloüs, évêque de Parme. Le nouvel élu, prenant le nom d'Honorius II, voulut emporter le pontificat par la vivacité de sa marche et de ses résolutions. Il parut sous les murs de Rome combattit avec avantage l'armée d'Alexandre II, et déjà se croyait sûr de la victoire, quand Godefroy, duc de Toscane, arrivant à l'improviste, culbuta dans le Tibre ses soldats, le contraignit à la fuite, et maintint au pape choisi par le conclave la possession du Vatican. Malgré cette défaite, Cadaloüs put encore troubler l'Italie pendant quelques années ; il pénétra même un instant dans Rome, et, chassé par le peuple, dut s'estimer heureux de pouvoir s'enfermer dans une tour d'où il s'évada après un siège de deux ans. Enfin il se retira en Toscane et reprit l'administration de son diocèse ; mais il voulut garder jusqu'à sa mort les insignes de la papauté.

A la cour du jeune Henri IV, les seigneurs s'étaient révoltés contre l'autorité de la régente, qui avait le tort, à leurs yeux, de se conduire en tout par les conseils de l'évêque d'Augsbourg. Ils se plaignaient, dans leurs conciliabules, du joug de l'impératrice ; ils l'accusaient d'un commerce criminel avec son ministre favori. La vertu d'une femme, disaient-ils, est plus fugitive que l'eau et le vent. Aujourd'hui elle affirme, demain elle nie ; tantôt elle hait, tantôt elle aime. Ils résolurent d'enlever à Agnès son fils : ils réussirent à l'emmener à Cologne, dont l'archevêque était un des principaux adversaires de l'impératrice. Agnès, que ces grands outrageaient comme femme et comme mère, eut le cœur brisé ; on la vit quitter l'Allemagne pour répandre à Rome, sur le tombeau des apôtres, ses douleurs et l'aveu de ses péchés. Pendant ce temps, les passions du jeune Henri commençaient à se donner carrière. Les seigneurs qui l'entouraient n'avaient d'autres soins que de lui composer une vie de plaisirs, de flatter sa fantaisie, et d'éloigner de lui les labeurs de l'étude. Aussi, de l'ignorance dans l'esprit, du désordre dans l'imagination, de l'incertitude dans le caractère, des désirs violents, l'horreur de tout frein et de toute entrave, voilà ce que, de jour en jour, on remarquait dans le fils d'Agnès. Il prit bientôt en dégoût la princesse Berthe, avec laquelle il était fiancé depuis longtemps, et ne songea plus qu'à une séparation. Il s'attira la haine des Saxons, dont il traita les nobles avec mépris, puisqu'il les éloignait de ses conseils et de sa familiarité. On disait qu'un jour, sur une des hautes montagnes de la Saxe, il s'était écrié : « Beau pays, mais habité par des esclaves ! » Or, quoi de plus imprudent et de plus insensé que le mépris jeté à la face d'un peuple ? Pendant quelque temps, les Saxons avaient vu sans crainte et sans soupçon s'élever sur leurs terres des forteresses qu'on disait construites contre l'invasion des peuples barbares ; mais bientôt on s'aperçut que c'étaient des instruments de tyrannie qui menaçaient la liberté des anciens jours.

Henri poursuivait toujours la pensée d'un divorce avec Berthe, et l'archevêque de Mayence lui avait promis son appui dans cette scandaleuse affaire. Mais un homme se trouva sur le chemin du capricieux empereur, qui le contraignit de renoncer à ce désir : c'était Pierre Damien, évêque d'Ostie, prêtre d'une piété profonde, aimant avec passion les rigueurs du cilice, du cloître et de la macération, gémissant sur les plaies de l'église, méditant sur la nécessité d'une grande réforme, mais dénué de génie politique, mais dépourvu de cette volonté de fer et de feu qui animait si fort Hildebrand, de l'aveu même de ses contemporains, que Damien l'avait appelé *saint Satan, doué d'une piété néronienne*, tant celui qui, plus tard, s'appellera Grégoire VII, faisait aux hommes l'effet du diable au service de Dieu ! Les lettres de Pierre Damien, sont curieuses : on l'y trouve se lamentant sur son siècle, se plaignant que tout respect pour le prêtre est perdu, parce que le prêtre n'est plus qu'un bouffon, déplorant le sort du genre humain, qu'un mauvais esprit précipite dans l'abîme. Pierre Damien aurait désiré ne jamais quitter sa solitude chérie ; mais le pape, ou plutôt Hildebrand, voulait se servir de sa piété, de l'autorité qu'elle lui donnait : on l'envoyait comme légat en France, en Allemagne ; c'est ainsi qu'à Francfort, Pierre Damien, au nom du saint père, condamna hautement le projet de divorce que nourrissait Henri IV. Les seigneurs applaudirent à sa sainte éloquence, et le roi fut obligé de déclarer qu'il se ferait violence et porterait son fardeau comme il pourrait. D'autres déplaisirs plus amers encore ne lui étaient pas épargnés par les Saxons, qu'il battit sans les réduire, et dont il envenima le ressentiment sans leur ôter les moyens de l'accabler plus tard.

Rome observait tout en silence, et pendant les discordes de l'Allemagne, elle agrandissait sa propre puissance. Lanfranc, archevêque de Cantorbéry, avait demandé le *pallium* par des légats : Hildebrand sut le persuader de venir le chercher lui-même, et le prélat anglais fit le voyage d'Italie avec Thomas, archevêque d'York. Le pape les reçut avec une affectueuse tendresse. Si l'on joint à cette démarche la reconnaissance expresse de la suprématie romaine par les archevêques de Cologne et de Mayence, qui avaient aussi quitté l'Allemagne pour rendre compte au pape de leur conduite, on jugera combien Rome s'élevait au-dessus des autres églises, et se préparait habilement à devenir le tribunal des rois. Déjà Alexandre avait sommé Henri IV de venir se justifier devant lui tant du reproche de simonie que d'autres griefs allégués par les Saxons, quand la mort vint le surprendre. Rome le regrette ; mais elle est tranquille. Un instinct secret l'avertit qu'elle porte dans son sein un homme qui fera sa gloire. Après un jeûne de trois jours, pendant lesquels on interroge à genoux la volonté divine, le peuple et le clergé s'émeuvent et s'écrient d'une voix unanime que saint Pierre a choisi pour successeur Hildebrand. Les cardinaux et les évêques n'ont plus à faire le choix, mais à le ratifier. Le voulez-vous ? disent-ils au peuple ; nous le voulons. L'approuvez-vous ? nous l'approuvons. Cependant Hildebrand est abîmé dans la prière, et sa grandeur le pénètre d'angoisses. Il a son agonie comme le Sauveur au jardin des Olives ; il sent que le trône est une croix, et il délibère s'il acceptera cette exaltation douloureuse. Enfin il se lève, après avoir plongé dans l'avenir un œil ardent et résolu ; Rome peut adorer son pape, car elle est aux pieds d'un martyr.

Plus les desseins d'Hildebrand, qui prit le nom de Grégoire VII, étaient vastes, plus il usa de prudence dans les premiers moments de son élévation. Quand le comte de Nellenbourg fut envoyé par Henri IV à Rome pour demander aux cardinaux et aux seigneurs comment ils s'étaient permis d'élire un pape sans l'approbation du roi, Grégoire VII le reçut avec une extrême déférence, et lui répondit que si les Romains l'avaient élu, ils n'avaient pu néanmoins le déterminer à se laisser ordonner, et qu'il attendait qu'un ambassadeur vînt lui apporter le consentement du roi. Le comte de Nellenbourg rapporta cette réponse à Henri, qui s'en montra satisfait, et donna des ordres pour le sacre du nouveau pape. Il importait à Grégoire de s'asseoir sans conteste sur le trône pontifical, et s'il est vrai que le lendemain du jour où l'enthousiasme des Romains l'avait salué pape, il écrivit une lettre à Henri IV dans laquelle il le conjurait de ne pas ratifier son élection, cette dissimulation lui avait paru nécessaire pour endormir les soupçons du roi et des évêques allemands.

Dès qu'il fut pape reconnu par l'Allemagne, il se mit à promener sur l'Europe des regards assurés, et il commença d'entrer en rapport avec elle par l'envoi de nombreux légats qui devaient apparaître en maîtres parmi les différents peuples, comme les proconsuls de Rome républicaine. En Espagne, il envoya le cardinal Hugues-le-Blanc, qui déclara à la noblesse que la Péninsule était un antique patrimoine de saint Pierre, et qui donna au comte de Roucy, seigneur français, tout ce qu'il pourrait conquérir sur les infidèles. Il écrivit en Allemagne pour annoncer que des légats viendraient bientôt de sa part se concerter avec Henri IV sur les intérêts communs de l'église et de la royauté. Comme le corps humain, disait-il dans une de ses lettres, reçoit la lumière au moyen de deux yeux, de même le corps de l'église doit être gouverné et éclairé au moyen de deux pouvoirs, le sacerdoce et l'empire. Henri répondit à Grégoire qu'il sentait la nécessité de l'union de ces deux grandes puissances. Il confessa ses péchés et promit de faire tout ce que demanderait le pape. Cette soumission pénétra de joie Grégoire VII, qui n'en pouvait encore connaître les motifs. La docilité d'Henri IV provenait du mauvais état de ses affaires ; la Saxe et la Thuringe étaient en pleine révolte. Les seigneurs saxons ne pouvaient pardonner au roi de leur préférer les Souabes le roi n'avait pas paru à une assemblée générale qu'il avait convoquée lui-même à Goslar, et ils lui avaient envoyé trois de leurs principaux chefs pour lui demander de démolir les forts élevés sur leur territoire, d'accorder une égale attention à toutes les parties de son royaume, de renoncer à ses flatteurs et à ses plaisirs. Henri se contenta de répondre qu'il avait été toujours juste envers tous et qu'il n'avait jamais manqué aux devoirs de la royauté. Cette dédaigneuse réponse provoqua une insurrection générale qu'Henri ne crut pouvoir combattre qu'avec le secours des *Luticiens*, et avec l'alliance de la Bohême et du Danemark. Rassemblés à Gerstungen, les Saxons convinrent secrètement de nommer un autre empereur, de couronner Rodolphe de

Souabe, et de détrôner Henri IV, quand il viendrait à Cologne passer les fêtes de Noël.

Cependant Grégoire VII continuait à se mêler des affaires de l'Europe ; il arrêtait les empiétements de Jaromir, frère de Wratislas, duc de Bohême, sur l'évêché d'Olmutz. Il profitait des félicitations que lui adressait sur son avènement l'empereur de Constantinople, Michel VIII, pour lui témoigner le désir de voir se rétablir l'union entre l'église grecque et l'église romaine. Dans l'intérieur de l'Italie, Landolphe VI, prince de Bénévent, se reconnut vassal du pape ; Richard Ier, beau-frère de Robert Guiscard et duc de Capoue, prêta serment de fidélité à Rome. Philippe Ier, roi de France, reçut les reproches de Grégoire VII, pour n'avoir pas voulu donner gratuitement l'investiture du siège épiscopal de Mâcon à Landri, archidiacre d'Autun. Mais c'était surtout par l'Allemagne que le pape devait saisir la direction politique de l'Europe. Rodolphe de Souabe le conjurait de se constituer médiateur ; une première lettre de Grégoire, adressée à plusieurs évêques et seigneurs de la Saxe, ne put ni calmer le ressentiment des partis, ni arrêter les desseins du roi, qui voulait tenter le sort des armes. Mais la supériorité des Saxons jeta le découragement dans l'armée royale, et Henri, après être resté quelque temps en présence des révoltés, fut contraint de souscrire à une paix humiliante. Déjà les forts de Vokenrode et de Spatenberg avaient été abattus, quand il apprit que non-seulement les remparts de Harzbourg, mais le château et l'église même avaient été rasés par les paysans avec une fureur qui avait épouvanté jusqu'aux seigneurs saxons. A cette nouvelle son indignation fut si vive, qu'il envoya sur-le-champ des ambassadeurs à Rome pour accuser le peuple d'avoir porté une main sacrilège sur les choses saintes et brûlé la maison de Dieu. Grande fut la surprise de Grégoire de s'entendre invoquer comme juge par le roi même des Allemands ! et dans le même temps il n'épargnait rien pour accroître son autorité : sur la prière de l'empereur Michel VIII, que menaçaient les Turcs seljoucides, déjà maîtres de Nicée, Grégoire adressait une lettre à tous les chrétiens pour les exciter à secourir Constantinople. L'épître du pape ne mit pas d'armée en campagne ; mais elle témoignait de sa prééminence sur les peuples et les églises de la chrétienté.

Enfin, un an après son élévation au pontificat, Grégoire VII jugea le moment venu de découvrir l'étendue de ses desseins. Son audace s'était accrue de toute sa patience. Il ouvrit à Rome un concile général auquel il invita, par lettre, tous les évêques de la Lombardie. Dans ce synode furent rédigés quatre canons contre la simonie et l'incontinence des clercs. On arrêtait dans ces décrets, 1° qu'aucun clerc ne devait obtenir une dignité ou un emploi ecclésiastique par voie de simonie, c'est-à-dire par le moyen de l'argent ; 2° que personne ne devait conserver une église avec de l'argent ; que personne ne devait se permettre d'acheter ou de vendre les droits d'une église ; car, disait-on, l'Écriture sainte, les décrets du concile et les sentences des pères condamnent les vendeurs et les acheteurs de dignités ecclésiastiques, et jusqu'aux entremetteurs de ce commerce ; 3° que toute fonction de l'autel était interdite aux clercs incontinents, qu'aucun prêtre ne se permît d'épouser une femme, et que s'il en avait une, il la renvoyât sous peine de déposition ; que personne ne fût élevé au sacerdoce sans avoir promis solennellement de garder une continence perpétuelle ; le que le peuple n'assistât pas aux offices d'un clerc qui aurait désobéi aux décrets apostoliques. Ainsi la réforme de l'église était ouvertement annoncée, et du sein de son synode, Grégoire dévoilait sa pensée aux yeux de l'Europe. Les décrets à la fois réformateurs et révolutionnaires furent répandus partout et rencontrèrent en Allemagne une violente opposition. Les clercs concubinaires étaient nombreux au-delà du Rhin ils accusèrent le pape de vouloir contraindre les hommes à vivre comme des anges, et de les précipiter dans la débauche à force de leur imposer la sainteté. Pour combattre avec avantage ces résistances, Grégoire chercha par tous les moyens à se concilier Henri IV ; il lui écrivit deux longues lettres où il le félicitait de la bonne intention qu'il avait manifestée, suivant les rapports des légats, d'extirper la simonie et le concubinage des clercs, où il le confirmait dans ces excellents desseins ; il l'y entretenait aussi des affaires générales de l'Europe, il lui exposait la triste situation des chrétiens d'Orient, et l'opportunité d'une croisade, d'autant plus nécessaire que l'église de Constantinople demandait à se réunir au saint-siège. Grégoire ne négligea pas non plus de s'adresser à d'autres princes, à Rodolphe de Souabe, à Berthold de Carinthie. Il désirait, par une habile douceur, prévenir la résistance, mais il était déterminé à combattre tout ce qui lui ferait obstacle. Il excommunia Robert Guiscard, qui n'avait pas voulu lui prêter le même serment de fidélité que les autres princes de l'Italie ; il menaça de ses foudres Philippe Ier, qui, disait-il, avait pillé des églises et extorqué de grosses sommes d'argent à des marchands italiens venus en France. Il fut plus doux envers Guillaume-le-Conquérant, dont il estimait les talents politiques, et dont il redoutait un peu l'altière indépendance. Il intervint dans les troubles de la Hongrie, et rappela au roi Salomon que son royaume était une propriété de la sainte église romaine, depuis que le roi Étienne s'était soumis à saint Pierre. Comment ne pas admirer cet homme qui ne craint pas de se mettre aux prises avec la société européenne, pour la changer au moyen de la réforme de l'église ? Au surplus, il ne veut pas qu'on le regarde comme un novateur aventureux et fantasque ; il proteste qu'il ne fait que promulguer les antiques prescriptions des pères de l'église. *Je ne parle pas d'après mon sens individuel*, écrit-il à l'archevêque de Cologne, *non de nostro sensu exsculpimus*. C'était le mot d'un politique, car, dans les affaires humaines, il faut se garder des caprices, même quand ces caprices auraient un air de grandeur.

Henri IV songeait toujours à se venger des Saxons : il était parvenu à rassembler une armée nombreuse, et il put enfin goûter le plaisir de la victoire dans les plaines de Hohenbourg. Ce triomphe le rendit arrogant et hautain, et il ne voulut plus reconnaître personne au-dessus de lui, pas même le pape. Il n'avait pas vaincu un peuple belliqueux pour obéir à un prêtre qui n'avait d'autre arme que la parole. Aussi, à la mort de l'évêque de Liège, il nomma, pour lui succéder, Henri, chanoine de Verdun, homme exercé au métier des armes, et dont il attendait des services militaires. Il donna un archevêque au Milanais, qui déjà en avait deux, et Milan se trouva posséder trois pontifes, comme Rome trente ans auparavant. Toutefois Henri ne voulait pas engager une lutte ouverte avec le pape, tant qu'il n'avait pas entièrement soumis les Saxons. Aussi il entama avec Grégoire une correspondance pour lui donner, pendant quelque temps encore, le change sur ses desseins. Les Saxons affaiblis, non moins par leurs divisions que par leur défaite, consentirent, pour obtenir la paix, aux plus humiliantes conditions. On éleva dans la plaine d'Ébra un trône, où Henri vint prendre place pour recevoir la soumission des princes de Saxe et de Thuringe, désarmés et captifs. Ces malheureux chevaliers furent confinés dans des forteresses lointaines, et leurs domaines partagés entre les vainqueurs. L'armée impériale se répandit dans les villes et les châteaux de la Saxe. C'est alors que l'empereur, délivré de toute inquiétude, crut pouvoir se passer de ménagements envers Rome. Il nomma précipitamment un évêque à Bamberg, avant que le prédécesseur du nouvel élu eût été jugé suivant les lois ecclésiastiques ; il donna l'anneau abbatial à des clercs que n'avait pas désignés l'élection des chapitres. Enfin, il demanda au pape de déposer les évêques qui avaient pris les armes contre lui. De leur côté, les Saxons avaient, à l'insu de Henri, fait parvenir leurs plaintes au saint-siége ; ils accusaient le roi de ne songer qu'à la chasse et aux plus licencieux plaisirs, de consulter sur le choix des évêques et des abbés des prêtres dissolus et des femme de mauvaise vie, de sacrifier à Vénus et non pas à Jésus-Christ. Ils demandaient au pape d'aviser à ce qu'un nouveau roi fût choisi dans une assemblée générale des princes.

Grégoire VII était donc solennellement saisi d'un grand procès entre l'empereur et ses sujets. Il voulut mettre dans sa justice une solennelle fermeté. Déjà, avant les plaintes des Saxons, il avait écrit à Henri pour se plaindre du choix de quelques évêques. Il lui adressa une autre lettre, dans laquelle de nouvelles remontrances se joignaient aux anciens griefs ; il finissait par le menacer de l'excommunication, et le sommer de comparaître à Rome pour se disculper devant un synode des crimes dont on l'accusait. La colère de Henri ne connut plus de bornes ; il chassa les légats, et convoqua dans le plus court délai un concile à Worms. Les évêques et les abbés s'y rendirent en foule. Le cardinal Hugues-le-Blanc, devenu l'irréconciliable ennemi de Grégoire VII, apporta à cette assemblée un long écrit, diatribe virulente contre le pape, acte d'accusation extravagant et calomnieux. On l'y accusait de se livrer à la magie et d'adorer le diable, de donner de fausses interprétations aux Écritures, d'avoir conspiré contre la vie du roi, d'avoir osé jeter dans le feu le corps sacré du Seigneur, de s'être attribué le don de prophétie. Après la lecture de ce libelle et une délibération qui dura deux jours, le concile dressa un acte de déposition du souverain pontife, que signèrent tous les évêques présents, et qu'Henri se hâta de notifier au sénat et au peuple de Rome, en l'accompagnant d'une lettre injurieuse adressée au moine Hildebrand. « Je te renonce pour pape, lui écrivait le roi, et je te commande, en qualité de patrice de Rome, d'en quitter le siège. » Ce fut un clerc de Parme, nommé Roland, qui se chargea de porter à Rome cette injurieuse missive et le décret du concile ; il eut le courage de les produire devant l'assemblée des évêques réunis dans l'église de Latran, et présidés par le pape. Grégoire VII tranquillement prit ces pièces, les lut lui-même, et leva la séance. Le lendemain, en présence de cent dix évêques, il prononça la sentence d'excommunication, déliant tous les chrétiens des serments qu'ils avaient prêtés à Henri d'Allemagne, et il ne négligea pas, après la clôture du concile, d'adresser une longue lettre aux évêques, ducs, comtes et barons de l'empire, dans laquelle il s'attachait à démontrer la justice de sa conduite. C'était un appel à l'opinion de l'Europe.

Les effets de l'excommunication ne se firent pas attendre. Ce fut à Utrecht que l'ambassadeur du roi, venant de Rome, lui apporta la terrible sentence. Henri affecta d'abord une grande indifférence, et l'évêque Guillaume, qui lui était tout-à-fait dévoué, osa, le jour de Pâques, en pleine chaire, injurier le pape, et se moquer de l'anathème lancé contre le roi ; mais il mourut subitement dans d'atroces douleurs, en s'écriant qu'il était damné. Le peuple fut rempli d'épouvante. D'autres partisans de l'empereur périrent aussi par des accidents imprévus, et plusieurs de ceux qui survécurent chancelèrent dans leur fidélité. La crainte qu'inspirait le courroux de Grégoire VII était si grande, que ceux qui tenaient prisonniers les princes saxons les mirent en liberté, sans l'autorisation du roi, et ces princes délivrés, relevant l'ancienne ligue, se remirent à l'œuvre pour reconquérir les libertés saxonnes. Tout conspirait contre Henri. Rodolphe de Souabe et Berthold de Carinthie l'abandonnèrent, Les Saxons écrivirent au pape pour lui demander s'ils pouvaient élire un autre roi, et la réponse fut affirmative. A Tribur, les princes et les grands d'Allemagne délibérèrent pendant sept jours, et rappelèrent tous les griefs qu'ils avaient contre le roi. Le Rhin séparait Henri des confédérés, et le malheureux monarque leur envoyait messages sur messages, prodiguant les prières, les promesses, offrant pour l'avenir toutes les satisfactions désirables. Enfin il obtint, après de nombreux refus, qu'une diète générale serait convoquée à Augsbourg, dans laquelle on supplierait le pape de vouloir bien se rendre ; on devait y terminer tous les différends, y régler toutes les affaires. Il était aussi stipulé que, si, dans l'espace d'un an, Henri n'était pas parvenu à se faire absoudre de l'excommunication, il serait déchu du trône. Ces conditions étaient dures, et cependant le roi dut s'estimer heureux d'y souscrire. Il se rendit à Spire, où il resta quelque temps dans un complet isolement, pour mieux se conformer au traité. De leur côté, les princes envoyèrent à Rome des ambassadeurs, pour prier le pape de se rendre à Augsbourg. Grégoire répondit sans hésiter que, malgré les rigueurs de l'hiver, il se trouverait au milieu d'eux, en Allemagne, le 2 février 1077. Pouvait-il hésiter à venir confirmer par sa présence le rôle qu'il ambitionnait, d'arbitre souverain entre les peuples et les rois ?

Les mêmes motifs qui faisaient arriver Grégoire en Allemagne, engagèrent Henri à le prévenir. L'humiliation sembla moins grande au roi d'aller trouver le pape que de comparaître devant lui à Augsbourg, au milieu de sujets victorieux et révoltés. Quelques jours avant Noël de l'an 1076, il quitta Spire avec sa femme Berthe, son jeune enfant et un seul domestique. Il traversa la Bourgogne, passa par Besançon longea le Jura jusqu'au lac de Genève, acheta le passage des Alpes et une escorte jusqu'en Italie au prix d'une province entière de la Bourgogne, qu'il dot céder à Adelaïde, veuve d'Othon de Suze. Le sacrifice était grand, mais à tout prix il fallait passer outre. Cependant l'hiver éclatait dans toute sa rigueur : la glace couvrait les rivières et même le Rhin. La neige obstruait tous les chemins et tous les sentiers. Avec de l'or, Henri trouva des guides à travers les montagnes. Les hommes se traînaient sur les pieds et sur les mains ; la reine eut un traîneau fait avec des peaux de bœuf ; mais les chevaux succombèrent presque tous. Enfin, à travers mille fatigues et mille dangers, le roi arriva à Turin, puis à Plaisance, et se dirigea vers Canosse par Reggio.

Par un singulier contraste, plusieurs en Italie attendaient Henri comme un vengeur. Le clergé italien, surtout en Lombardie, désirait ardemment l'humiliation et la déchéance du pape ; et comme on croyait que l'empereur ne venait que pour y travailler, on se pressa autour de lui, on le conduisit jusqu'à Canosse au milieu de cris de joie et d'espérance. Étrange cortège pour un suppliant qui venait demander au pape de le relever de l'excommunication ! Dans la forteresse de Canosse se trouvaient auprès de Grégoire VII, Azzo, Margrave d'Este, Hugues, abbé de Cluny, quelques princes d'Italie, Adélaïde de Suze avec son fils Amédée, enfin la princesse Mathilde. Grégoire ne s'était pas attendu à ce qu'Henri traverserait les Alpes pour tomber à ses pieds ; mais il résolut de tirer de cet incident imprévu le plus grand parti possible. Aux prières de l'empereur, transmises par Mathilde, il répondit que si le repentir de Henri était véritable, il devait, comme pénitence, déposer la couronne et se déclarer indigne du titre de roi. Ces conditions parurent trop dures même à ceux qui entouraient le pape. Enfin Grégoire consentit à ce qu'Henri s'approchât et fût amené dans la seconde enceinte de la forteresse : le roi y resta un jour entier, pieds nus, dans le jeûne et sous l'habit d'un pénitent. Il attendait la sentence du pape ; il l'attendit un autre jour, et un troisième encore. Enfin le quatrième, transi de froid, pâle, exténué, il put paraître devant le pape, qui leva l'anathème. Henri s'engageait à se rendre à Augsbourg, au milieu de la diète que présiderait Grégoire, et à se soumettre au jugement du pape, quel qu'il fût. Quand il eut reçu le serment de l'empereur, le pape célébra la messe ; après la consécration, il dit à haute voix : « Je veux que le corps de notre Seigneur

Jésus-Christ que je vais prendre soit aujourd'hui une preuve de mon innocence. Je prie le Tout-Puissant de dissiper tout soupçon si je suis innocent, et de me faire mourir subitement si je suis coupable. » Et il communia aux acclamations du peuple. Puis, se tournant vers l'empereur : « Faites, mon fils, lui dit-il, ce que vous m'avez vu faire ; prenez cette autre partie de l'hostie, afin que cette preuve de votre innocence ferme la bouche à tous vos ennemis et m'engage à être votre défenseur le plus ardent. » A cette proposition inattendue, Henri se troubla, et, après avoir conféré quelques instants avec ses amis, il demanda que cette terrible épreuve fût remise au jour de la diète générale. Le pape y consentit.

L'indignation fut vive en Italie contre l'empereur : on ne pouvait lui pardonner d'avoir si fort abaissé la puissance royale, et quand il reprit la route de Reggio, il fut obligé de camper hors des villes, qui refusaient de lui ouvrir leurs portes. Cet abandon et ce mépris lui inspirèrent sur sa conduite un repentir amer, et tout à coup, passant à une autre extrémité, il rompit avec le pape, et même chercha à s'emparer de sa personne par surprise. Mais sa ruse échoua, et n'eut d'autre effet que d'empêcher Grégoire de se rendre à Augsbourg. Aussi les affaires de l'Allemagne prirent un autre cours ; les princes germains, fatigués de la conduite de Henri, élurent définitivement pour roi Rodolphe de Souabe, et l'anarchie fut complète. A la grande surprise des Saxons, Grégoire résolut de ne se prononcer ni pour l'un ni pour l'autre des deux rois ; il persévéra dans son projet de venir en Allemagne pour juger lui-même lequel des deux avait droit à l'empire. Les Saxons firent éclater leur mécontentement. « Nous savons, très saint père, écrivirent-ils au pape, que vous n'agissez que dans des intentions louables et par des vues profondes ; mais comme nous sommes trop grossiers pour les pénétrer, nous nous contentons de vous exposer que ce ménagement des deux partis a pour résultats la guerre civile, le meurtre, le pillage, l'oppression des pauvres, la spoliation des biens ecclésiastiques, l'abolition des lois divines et humaines. » Grégoire répondit pour se justifier, et il y eut entre lui et les Saxons de nombreuses négociations. Henri, de son côté, après de puissants préparatifs contre Rodolphe, lui avait livré une bataille qui, malgré une issue douteuse, avait un peu relevé sa fortune.

L'Allemagne n'occupait pas seule la pensée de Grégoire VII ; il donnait aussi ses soins au reste de l'Europe. Il était en correspondance avec le roi de Danemark, avec Alphonse, roi de Castille ; il s'occupait du clergé de France, et adressait à Philippe Ier d'assez vives remontrances. Mais en Angleterre il rencontrait une résistance dont il ne put triompher ; car, tout en protestant de son respect pour le pape, Guillaume-le-Conquérant défendait au clergé anglais de correspondre avec Rome sans sa permission, et soumettait tous les décrets ecclésiastiques à la sanction de sa royale autorité. L'Angleterre avait déjà les instincts de la séparation et de l'indépendance. Cependant les affaires de l'Allemagne revenaient toujours plus pressantes et plus compliquées. Les envoyés de Rodolphe de Souabe parurent dans le septième synode que Grégoire VII ouvrit à Rome, et présentèrent contre Henri IV une suite de griefs dont la gravité arracha au pape une nouvelle excommunication et la reconnaissance formelle de Rodolphe comme roi des Allemands. Dès qu'Henri reçut cette nouvelle, il convoqua à Mayence une assemblée du clergé et de la noblesse, et il y fit décider la réunion immédiate d'un concile à Brixen. Dans cette ville du Tyrol, trente évêques et un grand nombre de princes et seigneurs, *optimatum exercitus*, portèrent un décret qui déposait et vouait à la damnation éternelle Hildebrand, le nécromancien, le moine possédé de l'esprit infernal, le déserteur de la véritable foi. Puis les évêques élurent unanimement pour pape Guibert de Ravenne, sous le nom de Clément III. Ainsi désormais la chrétienté était partagée entre deux papes et deux empereurs.

L'adversité s'approchait peu à peu de Grégoire VII et s'apprêtait à lui demander de nouveaux témoignages de force et de grandeur. Rodolphe de Souabe, qu'il avait reconnu, mourut frappé d'un coup mortel à la fin de la bataille d'Elster qu'il venait de gagner, payant la victoire de sa vie. Cette catastrophe imprévue devait bientôt ramener en Italie Henri IV, qui ne tarda pas, en effet, à inviter ses fidèles sujets à le suivre au-delà des monts. Tous les ennemis du pape en Lombardie tressaillaient d'espérance. Grégoire, sans s'épouvanter, chercha un appui dans Robert Guiscard, qui estimait de son côté qu'une réconciliation avec Rome doublerait sa puissance ; mais il arriva que, par son alliance avec Robert, le pape devint l'ennemi de l'empereur grec, qui se mit à rechercher l'amitié de l'empereur d'Allemagne. Enfin, Henri IV passa en Italie avec une armée nombreuse. Après un court séjour à Vérone, il envahit les états de Mathilde, assiégea Florence, qui dut capituler, et arriva devant les murs de Rome avec l'anti-pape Guibert. Ses troupes campèrent dans les prairies de Néron, devant le fort Saint-Pierre, et elles y restèrent deux ans, exposées aux sorties et aux insultes des Romains. Henri IV se dédommageait de ces humiliations sur les domaines de Mathilde, dont il ne put cependant abattre le courage. Cette femme héroïque parvint même à envoyer au pontife une somme d'argent considérable. Enfermé dans Rome, Grégoire n'épargnait rien pour fortifier les âmes des défenseurs de l'église. Reprenez courage, leur disait-il, concevez une vive espérance ; fixez vos regards sur l'étendard du roi éternel, où il est écrit : *C'est dans votre patience que vous posséderez, vos âmes.* Mais à la troisième année du siège, la persévérance des Romains se prit à défaillir. Henri était revenu devant Rome plus ardent et plus résolu à tout employer pour triompher. Il emporta la cité Léonine ; il éleva un fort sur le mont Palatin. Unissant à la force la ruse et la corruption, il séduisit par des présents plusieurs des principaux citoyens ; puis il rendit la liberté à quelques évêques captifs, et laissa pénétrer dans Rome tous ceux qui voulurent y entrer. Aussi, autour de Grégoire, les plaintes commencèrent à éclater ; on le supplia de prendre le pays en pitié, de se réconcilier avec Henri ; et comme le pape fut inflexible, le mécontentement du peuple le contraignit à se retirer, avec ses partisans, au château Saint-Ange. Enfin, après plusieurs alternatives de découragement, de nouveaux efforts pour le pape et de sentiments favorables à l'empereur, les Romains ouvrirent la porte de Latran à Henri, qui fit une entrée solennelle avec l'anti-pape Guibert. Le rival de Grégoire fut installé sur le saint-siège, sous le nom de Clément III ; Henri reçut la couronne impériale, et s'établit dans Rome comme dans sa propre maison : *Romam ut propriam domum habere coepit*. Cependant Robert Guiscard, qu'appelait à grands cris Grégoire VII, rassemblait une armée de trente mille hommes d'infanterie avec six mille cavaliers, et le bruit de sa marche détermina Henri à quitter Rome avec Clément. L'arrivée de Guiscard fit trembler les Romains, qui avaient déposé Grégoire ; ils refusèrent l'entrée de leur ville au Normand, qui trouva le moyen de pénétrer de nuit dans Rome, et la désola sans pitié. Pendant trois jours, la cité pontificale fut au pillage ; peu s'en fallut que toutes les églises et toutes les basiliques fussent incendiées. Le pape fut ramené par son libérateur au palais de Latran ; puis il se détermina à quitter Rome ; il se rendit au mont Cassin, et de là à Salerne.

Grégoire se séparait des Romains parce qu'il les méprisait : il était d'ailleurs arrivé à ce moment suprême où l'homme abdique volontiers la vie ; il était las, et il se mit à oublier les combats qu'il avait rendus, dans la lecture des livres saints et de l'histoire ecclésiastique. Ses forces déclinaient aussi. Au mois de mai 1085, il lui devint impossible de se lever.

Rangés autour de son lit, les cardinaux et les évêques qui lui étaient restés fidèles écoutaient ses discours. Il leur disait qu'il les recommanderait avec instance au Dieu souverainement bon. Il leur défendait de reconnaître personne pour pape, qui n'eût été élu et ordonné d'après les saints canons et l'autorité des apôtres ; enfin, comme il sentit approcher la mort, il prononça ces paroles qui furent les dernières : « J'ai aimé la justice et j'ai haï l'iniquité ; c'est pourquoi je meurs dans l'exil.»

Jamais destinées individuelles ne se sont mêlées davantage à l'histoire du monde ; et voilà une biographie qu'il fallait esquisser, puisqu'elle enveloppe tous les intérêts d'un siècle. L'homme est original, et son œuvre grande. Nous ne nous arrêterons pas à relever curieusement les singularités qui distinguent le génie même de Grégoire VII, la violence de ses passions, les aspects tragiques de cette intraitable volonté, non plus que le poétique épisode de son intimité avec Mathilde, dont la grande âme sut le comprendre et l'aimer. Il faut laisser le soin du portrait de cette figure sacerdotale aux artistes qu'aura séduits la sublime étrangeté du sujet. Nous désirons seulement caractériser avec exactitude l'étendue et la portée de l'œuvre même, que les successeurs de Grégoire VII se transmirent comme un héritage sacré, renfermant la volonté de Dieu sur les sociétés humaines.

On peut résumer par un seul mot toute la pensée de Grégoire VII ; ce mot est le pouvoir, et ce qu'il appelait la liberté de l'église n'était autre que la domination de cette église sur les royaumes et les principautés. S'en étonner et s'en plaindre serait indiquer qu'on ne comprend pas le siècle où vivait Hildebrand. Il était nécessaire, deux cent cinquante ans après Charlemagne, qu'un pouvoir général revînt à la surface et à la tête des affaires de l'Europe, et ce fut un signe du progrès de la liberté humaine, que ce pouvoir fut plutôt la thiare que l'épée. Il est vrai que, pour accomplir ce grand résultat, le christianisme fit le sacrifice de son esprit même ; il s'immola pour régner, et la papauté catholique ne put échapper au péché de prendre pour base la contradiction même de l'Évangile. Mais une fois cette transformation acceptée, que de grandeur, que d'unité dans la pensée de Grégoire VII ! L'église romaine a été fondée par Dieu ; elle se personnifie dans le pape, qui est le représentant de la puissance divine ; elle se recrute par des élections libres ; elle est indépendante devant les rois et au milieu des peuples ; sa divine origine la rend supérieure à l'état et à la royauté, dont les pouvoirs sont humains, limités et conditionnels : ceux qui la servent n'appartiennent qu'à elle, car ses membres ont rompu tout lien avec la chair et le monde ; le prêtre est libre et n'obéit qu'au pape. Le pape ne peut et ne doit être jugé par personne ; il lui appartient de déposer les empereurs et les rois, de nommer et de déposer les évêques sans convoquer de synode. Par son ordre et son autorisation, un inférieur peut accuser son supérieur : principe nouveau qui amenait tous les hommes et portait toutes les causes à son tribunal. Il y avait dès-lors pour toute l'Europe une loi, une juridiction suprême ; la chrétienté avait une forme, une constitution ; les états de l'Europe étaient comme les membres d'un même corps, et si le pape, pour nous servir des paroles de Bossuet, se donnait de grands mouvements pour rendre le saint-siège maître et propriétaire de tout le royaume du monde, il organisait la solidarité européenne sous la consécration de la religion. Ainsi les grands principes d'ordre, d'unité, de hiérarchie et de pouvoir, s'établissaient avec autorité.

Mais, à notre sens, l'entreprise de Grégoire VII ne fut pas moins utile à la liberté même de l'esprit humain, car elle la provoqua. Le dogmatisme hautain de cet homme, plus prêtre que chrétien, qui démasquait d'un coup tout un système d'autorité, et qui, suivant une expression familière, mais exacte de Bayle, a fourni aux papes ses successeurs la *tablature* qui les a fait triompher en tant de rencontres, suscita le thème contraire de l'indépendance politique et doctrinale. Quoi de plus métaphysique, en effet, et de plus absolu que les propositions sur lesquelles s'appuyaient les prétentions du pape ? Par leur nature, elles imposaient aux hommes l'alternative d'une soumission sans réserve, ou d'une résistance triomphante ; c'est pour leur répondre que, dans le XIIe siècle, les jurisconsultes italiens s'évertueront à construire une théorie du pouvoir impérial, qu'Arnold de Brescia, disciple d'Abeilard, conclura, sans hésiter, de l'indépendance métaphysique à la liberté politique. Il est beau, dans l'économie du moyen-âge, de voir la papauté donner elle-même le signal des développements de l'humanité ; son énergique initiative a tout mis en branle ; le monde moral et politique est pénétré jusqu'au fond, et toutes ses sources vont s'ouvrir comme sous la verge de Moïse. Comment penser qu'une institution, si affirmative et si puissante qu'elle se produise, puisse étouffer des éléments nécessaires ? Déjà même, à côté de Grégoire VII, le rationalisme avait un organe, et des condamnations répétées n'empêchaient pas l'archidiacre Béranger de servir de lien entre Scott Érigène et le grand Abeilard. Il y a donc une double raison pour louer la papauté au moyen-âge : elle a fait beaucoup de bien dont souvent elle eut l'intention, et n'a pas fait le mal qu'elle se proposait.

II

Le successeur d'Hildebrand, Victor III, qui ne régna qu'un an, recommanda, avant d'expirer, d'élever au saint-siège Othon, évêque d'Ostie, qu'avait désigné à son lit de mort Grégoire VII lui-même, et Othon, sitôt qu'il eut été salué pape sous le nom d'Urbain II, écrivit le lendemain de son élection à tous les évêques de la chrétienté, pour leur déclarer qu'il suivrait en tout point les errements et décrets de Grégoire VII. Pascal II, successeur d'Urbain, confirma tous les anathèmes d'Hildebrand contre Henri IV ; il soutint dans sa révolte le fils de l'empereur contre son père ; il approuva les archevêques allemands qui couronnèrent Henri V à Mayence, et qui avaient dit au prince excommunié : *N'est-ce pas à nous qu'il appartient de détrôner les rois, quand nous les avons mal choisis* ? Il ne resta plus à Henri IV que d'implorer l'appui du roi de France en lui rappelant l'intérêt commun des princes à venger son injure. Enfin, réduit à une détresse absolue, il dut borner son ambition à demander une prébende laïque, dans l'église de Spire ; n'ayant pu l'obtenir, il alla mourir à Liège. On l'avait enseveli sans pompe ; Pascal II ordonna que son corps fût déterré, et ses dépouilles restèrent pendant cinq ans privées de sépulture ; si plus tard on les descendit dans les caveaux de Spire, c'est que l'empereur Henri V n'était plus en bonne intelligence avec le pape. Les deux champions de l'église et de l'empire eurent donc le même sort ; tous deux moururent dans le malheur et dans l'exil, expiant ainsi l'éclat de leur lutte et la violence de leurs passions. Mais si Grégoire VII et Henri IV arrivaient à se ressembler par leurs malheurs ; les causes qu'ils soutinrent étaient loin d'avoir la même fortune. L'église triomphait : sa domination spirituelle, son autorité générale, s'établissaient tous les jours ; elle était reconnue de plus en plus comme le lien commun des peuples, comme l'expression une et suprême de la pensée de Dieu, du christianisme.

La preuve de cet état nouveau de l'Europe ne se fit pas attendre ; dix ans après la mort de Grégoire VII, le mouvement des croisades éclata. Il était depuis longtemps dans la pensée de quelques hommes ; Silvestre II, Hildebrand lui-même avaient conçu d'employer la force de tous les chrétiens pour délivrer le tombeau du Christ ; mais comment exécuter ce grand dessein ? Au Xe siècle, rien n'était possible ; au milieu du XIe, tout n'était pas mûr. Enfin, sur la provocation de Constantinople, de l'empereur grec qui sollicite le secours des Latins, qui se plaint d'être menacé par les Turcs, qui invoque les saintes reliques, et vante en même temps la beauté des femmes grecques, on commence à s'émouvoir en Europe, non pas tant en Italie qu'en France. D'ailleurs, les malheurs de Jérusalem avaient été vus et constatés par des pèlerins. Le patriarche Siméon avait exercé une influence décisive sur un Français, nommé Pierre, qui, de retour en Europe, alla se jeter aux pieds d'Urbain II pour lui demander justice des souffrances et des opprobres de Sion, tant désormais le pape était considéré comme le juge suprême de la chrétienté ! — La puissance de la religion s'affermissait aussi par de nouveaux établissements. A côté des Bénédictins dont les congrégations de Cluny, des Camaldules, de Vallombreuse et de Citeaux prospéraient, s'élevaient l'ordre des Chartreux, fondé par Bruno de Cologne, l'ordre des Antonins, celui de Grand-Mont dans le Limousin. Dans les autres pays de l'Europe où le christianisme était plus nouveau, ses progrès n'étaient pas moins sensibles. En Pologne, Casimir Ier rétablissait la foi chrétienne ; la Russie depuis Wladimir-le-Grand renonçait aux faux dieux ; la Suède était le théâtre de luttes sanglantes entre la cause de l'Évangile et les restes opiniâtres du paganisme ; en Danemark, Harold IV s'était mis en correspondance avec Grégoire VII et avait protégé l'église ; Ladislas avait en Hongrie raffermi les autels catholiques. Ainsi s'organisait la chrétienté, et Rome en était reconnue pour la métropole et la maîtresse. Aussi, est-ce à la voix du pape que l'Europe se précipitera sur l'Asie : elle n'a cette force d'expansion que parce qu'elle se sent véritablement une ; et c'est l'énergie centrale de sa spiritualité qui lui permet les conquêtes et les aventures. Le 15 juillet 1099, un vendredi, à trois heures, le jour et le moment où Jésus-Christ expira, l'élite de la chevalerie européenne entra dans Jérusalem et mit un trône chrétien à côté du Saint-Sépulcre. Ce n'était plus cette Europe tremblante de la fin du Xe siècle qui courbait le front sous la crainte et l'agonie de la mort ; elle tressaillait alors d'orgueil et de foi en elle-même et en son Dieu, et elle ouvrait pour les siècles à venir les rapports de l'Orient et de l'Occident.

Cependant il s'agissait toujours, entre l'Allemagne et l'Italie, de régler la grande affaire des investitures. Henri V avait envoyé au pape une solennelle ambassade qui échoua dans les difficultés épineuses de cette négociation ; quelques années après, il passa en Italie ; il y reçut l'hommage de la comtesse Mathilde, et voulut entrer dans Rome, qui fut contrainte de lui ouvrir ses portes. Il y arracha au pape un traité où Pascal II garantissait à l'empereur le droit d'investiture, pourvu qu'il ne s'y mêlât aucune simonie. Les cardinaux, plus fidèles aux maximes de Grégoire VII, refusèrent de souscrire à ce traité et forcèrent Pascal de le déclarer nul dans un concile tenu à Latran. Henri V, qui était retourné en Allemagne, repassa les Alpes, et s'empara de la succession de Mathilde que la comtesse avait léguée au saint-siège : il se fit couronner à Rome empereur par Bourdin, archevêque de Prague ; Pascal mourut à Bénévent où il s'était réfugié ; son successeur Gelase ne fut pape qu'un an, et ce fut Caliste II qui, enfin, termina la querelle des investitures par le célèbre concordat de 1122. A Worms, dans une assemblée générale de l'empereur, des princes et des états de l'Allemagne, on rédigea un écrit où le pape Caliste, parlant à Henri V, lui accordait que les élections des évêques et des abbés du royaume teutonique se fissent en sa présence, sans violence ni simonie ; l'élu devait recevoir les régales par le sceptre, excepté ce qui appartenait à l'église romaine, et en faire les devoirs qu'il doit faire de droit.

Celui qui aura été sacré dans les autres parties de l'empire devait recevoir de l'empereur les régales dans six mois. « Je vous prêterai secours, disait le pape à l'empereur, selon le devoir de ma charge, quand vous me le demanderez. Je vous donne une vraie paix et à tous ceux qui sont ou ont été de votre parti du temps de cette discorde. « De son côté, l'empereur, dans un autre écrit, disait que, par amour de Dieu, de la sainte église et du pape, il remettait toute investiture par l'anneau et la crosse, et accordait dans toutes les églises de son royaume et de son empire les élections canoniques et les consécrations libres. Il restituait à l'église romaine les terres et les régales de Saint-Pierre, qui lui avaient été ôtées du vivant de son père ou sous son propre règne, et qu'il possédait ; il promettait d'aider fidèlement à la restitution de celles qu'il ne possédait pas. M. de Maistre fait très bien ressortir l'importance de la question des investitures au moyen-âge quand il dit : « Les papes ne disputaient pas aux empereurs l'investiture par le *sceptre*, mais seulement l'investiture par la crosse et l'anneau. Ce n'était rien, dira-t-on. Au contraire, c'était tout. Et comment se serait-on si fort échauffé de part et d'autre, si la question n'avait pas été importante ? Les papes consentirent à l'investiture par le sceptre, c'est-à-dire qu'ils ne s'opposaient point à ce que les prélats, considérés comme vassaux, reçussent de leur seigneur suzerain, par l'investiture féodale, *ce mère et mixte empire* (pour parler le langage féodal), véritable essence de fief qui suppose, de la part du seigneur féodal, une participation à la souveraineté, payée envers le seigneur suzerain qui en est la source, par la dépendance politique et la loi militaire. Mais ils ne voulaient point d'investiture *par la crosse et par l'anneau*, de peur que le souverain temporel, ne se servant de ces deux signes religieux pour la cérémonie de l'investiture, n'eût l'air de conférer lui-même le titre et la juridiction spirituelle, en changeant ainsi le bénéfice en fief ; et, sur ce point, l'empereur se vit à la fin obligé de céder. Ainsi les luttes furieuses de Grégoire VII et d'Henri IV aboutissaient à une transaction, et l'équilibre commençait à s'établir entre le sacerdoce et l'empire, entre la hiérarchie ecclésiastique et la constitution féodale.

La France allait, au XIIe siècle, sortir de son obscurité, et entrer en partage de cette illustration que l'Allemagne, l'Angleterre et l'Italie devaient aux empereurs, à Guillaume-le-Conquérant et à Grégoire VII. La royauté réussissait à réduire quelques vassaux, et les communes commençaient à conquérir leurs franchises. A côté de ces résultats politiques, les luttes de la religion et de la science s'élèvent : le Breton Abailard, qui était entré à Paris la première année du XIIe siècle, explique la théologie par la dialectique, met en balance Aristote avec Jésus-Christ, et compare les trois personnes de la trinité aux divers termes d'un syllogisme, explication que de nos jours Hegel a reproduite. A trente-neuf ans, ses passions s'allument, et auprès de lui Héloïse devient le type de la femme s'approchant de la science par l'amour. En face de cet homme chez qui éclatèrent avec tant d'audace toutes les ardeurs de l'esprit et des passions, l'église avait besoin d'un puissant défenseur ; elle le trouva dans Bernard ; ce moine de vingt-deux ans, doué tout ensemble d'une mysticité infinie, d'une activité politique inépuisable, prit sur l'Europe l'autorité d'un pape, tout en restant abbé de Clairvaux. Le premier écrit que composa Bernard traita des degrés de l'humilité, vertu par laquelle l'homme devient méprisable à lui-même ; il rédigea aussi une exhortation aux templiers sur la demande de leur premier grand-maître, et il y disait qu'il était merveilleux d'avoir réuni le caractère du moine et du soldat. Le pape le consultait comme un oracle, et l'employait comme un ministre : il l'envoya à Salerne pour rétablir la paix entre Roger, roi de Sicile, et Rainulf, duc de la Pouille. Bernard était revenu dans sa solitude de Clairvaux, quand il reçut une dénonciation touchant les écrits et les doctrines d'Abailard : il le fit avertir, il le vit même, lui parla avec douceur ; mais le philosophe, malgré une première condamnation encourue dix-huit ans auparavant au concile de Soissons, demanda à défendre lui-même ses livres au concile de Sens. Bernard s'y rendit ; le roi de France était témoin ; on pressa Abailard de parler, mais il en appela au pape et garda le silence. Bernard écrivit à Innocent II, il lui raconta ce qui s'était passé ; il lui manda qu'Abailard relevait les philosophes et abaissait les docteurs de l'église, qu'il cumulait les erreurs d'Arius, de Pélage et de Nestorius ; enfin, il le signalait comme étant d'accord avec Arnauld de Brescia, son disciple, pour conspirer contre le christianisme : *Magister Petrus (Aboelardus), et*

Arnaldus, à cujus peste Italiam purgastis, adstiterunt et convenerunt in unum adversus Dominum et adverses Christum ejus. Cependant Abailard avait pris le chemin de Rome ; il passa par Cluny ; il y apprit que le pape avait confirmé la condamnation prononcée par le concile ; il y resta, et après deux ans il y mourut, brisé par l'immense fardeau qu'il avait soulevé avec tant d'audace, mais qu'il ne suffisait pas à porter : car enfin Abailard s'était permis les plus hautes témérités. S'il faut en croire son dénonciateur, Guillaume, abbé de Saint-Thierry, il enseignait, entre autres choses, que le Saint-Esprit est l'âme du monde, que nous pouvons vouloir et faire le bien par le libre arbitre, sans le secours de la grâce, que ce n'est pas pour nous délivrer de la servitude du démon que Jésus-Christ s'est incarné et qu'il a souffert, que les suggestions du démon se font dans les hommes par les moyens physiques, qu'il n'y a de péché que dans le consentement au péché et le mépris de Dieu, qu'on ne commet aucun péché par le plaisir, le désir et l'ignorance, mais que ce sont des dispositions naturelles. C'était trop pour le XIIe siècle, et la pétulance de son génie avait emporté l'amant d'Héloïse dans des hardiesses trop périlleuses.

Après ces débats métaphysiques, la seconde moitié du XIIe siècle nous montre des théories politiques. L'Italie, pendant les luttes du sacerdoce et de l'empire, avait accru sa liberté intérieure. Venise, Pise, Gênes, Naples, Amalfi, avaient un gouvernement républicain. Les villes de la Lombardie, Milan, Pavie, Crémone, Asti, Vérone, Padoue, Lodi, possédaient des consuls, une milice, jouissaient des droits régaliens de faire la paix, la guerre, de battre monnaie, et ces grandes cités voulaient attirer dans leur alliance les villes moins considérables pour s'en faire un instrument de guerre et de résistance, soit contre le pape, soit contre l'empereur ; car la querelle de l'église et de l'empire partageait l'Italie comme en deux camps, et les mots de Guelfes et de Gibelins (*Welf, Weiblingen*), prononcés pour la première fois, en 1140, à la bataille de Winsberg, que se livrèrent, en Souabe, le duc de Bavière et l'empereur Conrad III, devinrent bientôt le cri de ralliement des champions acharnés de la suprématie de l'église et du pouvoir impérial. Le neveu et le successeur de Conrad, Frédéric Barberousse, ne voulut pas souscrire à l'indépendance italienne qu'il traita de révolte contre l'Allemagne et les droits de l'empire. L'année 1154 le vit entre Plaisance et Crémone, passant son armée en revue dans les plaines de Roncalia ; il se fit couronner roi de Lombardie à Pavie, et marcha sur Rome.

La ville des papes était alors dans une singulière anarchie : l'élève d'Abailard, Arnauld de Brescia, avait prêché, dans toute l'Italie, des principes nouveaux. Condamné par un concile à Latran, il s'était réfugié à Zurich, dont la position était telle, dit Jean de Muller, dans son *Histoire de la Suisse*, que chaque progrès de l'Allemagne et de l'Italie était un bonheur pour cette commerçante et religieuse cité. Arnauld de Brescia, dit encore l'historien, prêcha sa doctrine aux hommes de Zurich ; elle fut reçue par beaucoup de citadins et de campagnards : quelques-uns soutinrent leur opinion dans les diètes, et la transmirent à leurs petits-fils, avec une foi ferme contre laquelle vint échouer l'éloquence de saint Bernard. Pendant l'exil d'Arnauld, les Romains avaient établi un gouvernement républicain. Quand il fut de retour, il voulut ressusciter les formes politiques de l'antiquité, faisant un bizarre mélange des souvenirs de la république romaine et des traditions de la primitive église. Sa perte fut le gage d'une réconciliation entre le pape Adrien IV et Frédéric Barberousse. On le brûla vif, et ses cendres furent jetées au vent. Voici comment l'infortuné disciple d'Abailard a été dépeint par un contemporain, Otton de Freisingen, historien de Frédéric Barberousse, peu favorable aux opinions nouvelles : « C'était un homme d'un esprit, assez subtil ; toutefois son éloquence présentait plus de mots que d'idées. Aimant la singularité, il se précipitait avec ardeur dans les opinions nouvelles : c'était un de ces esprits merveilleusement propres à élever des hérésies, des schismes et des troubles. Quand, après avoir étudié, il repassa de France en Italie, il prit l'habit religieux pour mieux tromper la foule ; il se mit à tout censurer, à tout déchirer ; il n'épargna personne ; il se montrait le détracteur des clercs et des évêques le persécuteur des moines ; il ne flattait que les laïcs. » Et qu'enseignait cet Arnauld, si sévèrement traité par Otton ? « Il disait que les clercs qui possédaient des biens, que les évêques qui avaient des droits régaliens, et que les moines qui avaient des domaines ne pouvaient, en aucune manière, espérer faire leur salut ; que toutes ces choses appartenaient au prince temporel, et devaient, par un effet de sa munificence, n'être que le partage des laïcs. » Ainsi, voilà un novateur qui, pour mieux lutter contre l'église, se jette du côté des rois, au point de les déclarer dispensateurs uniques des biens de la terre. Mais il nous faut maintenant passer de cette doctrine à la théorie du pouvoir impérial, élevée par les jurisconsultes italiens.

Entre le pape et l'empereur la mésintelligence ne tarda pas à se glisser. Frédéric avait tenu de mauvaise grâce l'étrier à Adrien ; dans une diète à Besançon, des légats avaient présenté une lettre à l'empereur où l'empire était désigné sous le nom de *beneficium* ; c'était en faire une dépendance féodale du saint-siège. *Eh ! de qui Frédéric tient-il l'empire, sinon du pape ?* dit un des légats que le comte palatin, Otton de Witelsbach, voulut tuer dans sa colère. Les états protestèrent contre une pareille doctrine ; Adrien fut obligé de se désister expressément de cette prétention, il promit aussi de faire disparaître le tableau de Lothaire II, qui représentait l'empereur à genoux devant le pape Alexandre II. Frédéric passe en Italie, assiège Milan, contraint l'orgueilleuse cité de lui ouvrir ses portes et la dépouille de ses privilèges. Mais ce n'est plus assez pour lui du triomphe des armes ; il lui faut la consécration d'une doctrine qui fonde le droit de la couronne impériale. Par ses ordres, quatre jurisconsultes, élèves du célèbre Irnérius, Bulgare, Martin de Gozia, Jacques et Hugues de la Porte, recherchèrent les droits de l'empire ; ils prononcèrent que tous les fiefs majeurs, que tout ressort et toute juridiction relevaient du trône impérial ; ils établirent que l'empereur avait le droit de lever une capitation générale outre les tributs annuels et les impositions ordinaires ; enfin ils élevèrent le pouvoir impérial à cette formule : *La volonté de l'empereur est le droit ; ce qui lui plaît a force de loi ; — tua voluntas jus esto ; sicuti dicitur : quidquid principi placuit legis habet vigorem.* Ainsi l'empereur, avec le secours du droit romain, était déclaré l'égal des anciens empereurs de Rome ; on ressuscitait la dictature des Césars pour battre en ruines la théocratie de Grégoire VII ; contre le prêtre s'élevait le jurisconsulte, s'appuyant, comme lui, de l'autorité des textes, de la majesté des traditions ; mais, dans sa bouche et sous sa plume, les textes et les traditions n'étaient plus invoqués pour l'église, mais contre elle, mais en faveur de l'empire et de la royauté. Dans le siècle suivant, les jurisconsultes français continuèrent avec puissance l'œuvre commencée par les Italiens, et les foudres de l'église romaine viendront souvent mourir au seuil de la grand'chambre du parlement de Paris.

Les Milanais ne pouvaient se résoudre à la soumission envers l'empereur, et provoquèrent une nouvelle lutte où ils succombèrent dans la troisième année. Leur ville fut rasée, et Frédéric, à Pavie le jour de Pâques, se couronna lui-même encore une fois. Cette guerre si vive était, pour la liberté de l'Italie en face de l'Allemagne, un puissant aiguillon, et un pape comprit, avec un instinct vraiment politique, le nouveau rôle qu'elle lui offrait. Alexandre III, dont le pontificat, le plus long du XIIe siècle, dura vingt-deux ans, et pendant lequel quatre anti-papes se succédèrent, sut imprimer une direction systématique à la résistance désespérée des Lombards. Après avoir excommunié Frédéric en s'autorisant des anathèmes de Grégoire VII contre Henri IV, il forma une vaste ligue de Rome, de Venise et des villes lombardes, et une guerre générale recommença avec plus d'acharnement. Frédéric entra un instant dans Rome, mais la contagion se mit dans son armée ; il voulut entamer quelques négociations qui furent repoussées par le pape, et il fut obligé de repasser les monts pour tenter d'armer l'Allemagne contre l'Italie. Mais l'Allemagne fatiguée se refusait à de nouveaux efforts, et Frédéric fut condamné à une inaction de cinq ans, que mirent à profit les villes lombardes pour relever leurs affaires, leurs murailles et leurs finances. Enfin, en 1174, Frédéric put rentrer en Italie à la tête d'une formidable armée ; il brûla Suze, mais il fut obligé de s'arrêter quatre mois devant Alexandrie, ville nouvelle bâtie par les Lombards, qui l'avaient baptisée par reconnaissance du nom même du pape Alexandre III ; l'empereur ne put la prendre. Alors quelques négociations furent nouées de part et d'autre, mais sans résultat. Une nouvelle armée vint renforcer les troupes allemandes, et à quinze milles de Milan, la bataille de Lignano, perdue par Frédéric, assura l'indépendance italienne. Cette fois les négociations furent reprises pour ne plus avorter. Le pape et l'empereur se virent à Venise et jurèrent la paix. Frédéric n'avait pas de peine à renoncer au schisme et à ne plus soutenir les anti-papes ; il n'était pas non plus difficile de rétablir la paix entre l'empire d'Occident, le roi des Deux-Siciles et l'empire d'Orient ; mais c'était un épineux problème que de définir les droits de l'empereur et des villes lombardes. Comme sur ce point on ne pouvait s'entendre, on convint, pour ne pas empêcher la paix désirée de tous, d'une trêve de six ans pendant laquelle les droits de part et d'autre demeureraient en suspens. Les six années écoulées, personne ne voulut recommencer la guerre, et dans une diète à Constance, en 1183, fut rédigé un traité définitif, base du droit public et témoignage écrit des libertés de l'Italie. L'empereur y renonçait aux droits régaliens dans l'intérieur des villes ; il reconnaissait aux cités confédérées le droit de lever des armées, de s'entourer de murailles, et d'exercer dans leur enceinte la juridiction tant civile que criminelle ; mais il se réservait l'investiture des consuls, le serment de fidélité qui devait se renouveler tous les dix ans, et les appels dans les causes civiles dont l'objet surpasserait la valeur de vingt-cinq livres impériales. Ainsi, un siècle après la mort de Grégoire VII, les rapports de l'Allemagne et de l'Italie commençaient à devenir réguliers et pacifiques. Dans la lutte de trente ans qui amena la paix de Constance, les deux pays eurent chacun un grand homme. Alexandre III a un tout autre aspect qu'Hildebrand, il continue son œuvre par d'autres moyens ; c'est déjà aux intérêts positifs, à la liberté italienne, à l'ambition naissante de Venise, à l'indépendance lombarde qu'il demande le triomphe de l'église. Les revers le trouvent souple et ferme à la fois, les prospérités ne le jettent pas dans le danger des prétentions excessives ; il signe avec l'empereur une paix opportune ; pendant son exil en France, il sait se faire honorer du roi Louis, et garder toute la majesté du pontificat ; dans les démêlés si tragiques entre Thomas Becket et Henri II, dont il faut lire le récit tant dans *l'Histoire ecclésiastique*, de Fleury, que dans *l'Histoire de la Conquête d'Angleterre*, de M. Augustin Thierry, Alexandre III s'attache à ménager l'archevêque et le roi ; il leur donne raison tour à tour, si bien que Becket, se voyant abandonné par Rome dans sa lutte contre la royauté, peut s'écrier dans son désespoir : *Barrabas se sauve et Christ est mis à mort* ! Alexandre III a déjà quelque chose de la cauteleuse prudence des papes du XVIe siècle. Entre Grégoire VII et Innocent III, il marque comme un point d'arrêt par sa modération avisée. Frédéric, au contraire, ne se meut que par d'impétueuses saillies ; il a tout l'orgueil de l'empire et toutes les passions de la race allemande ; c'est bien le successeur des Othon et le vengeur d'Henri IV ; il relève la couronne impériale, et la maintient du moins au niveau de la thiare, rétablissant ainsi l'image de cette république chrétienne qui devait avoir deux têtes. A une ardeur qui parfois ressemble à de la furie, il unit un mâle bon sens, et il sait transiger aussi bien que combattre néanmoins chez lui l'héroïsme l'emporte. Aussi après avoir signé la paix de Constance, et puni la rébellion d'Henri Welf, duc de Bavière, il courut en Orient, le premier des princes chrétiens, à la nouvelle de la prise de Jérusalem par le sultan d'Égypte, entra sur les terres des Turcs, prit Iconium, traversa le mont Taurus, et se noya dans le fleuve Seleph qu'il voulut passer à cheval, terminant par une mort de soldat une vie de grand empereur.

A la fin du XIe siècle, c'était de son propre mouvement que la chrétienté s'était jetée sur l'Asie ; à la fin du XIIe, elle était contrainte d'y revenir, sous peine de forfaire à l'honneur. Saladin avait repris Jérusalem ; c'était un défi à toute la chevalerie de l'Europe. Aussi Frédéric Barberousse n'avait été que le précurseur des rois de France et d'Angleterre, Philippe-Auguste et Richard, tous deux avides de gloire, l'un politique plus habile, l'autre plus brillant chevalier, le premier plus grand en Europe, l'autre plus illustre en Syrie. Ptolémaïs ouvrit ses portes à l'armée des croisés qui représentait bien la chrétienté ; car tous les peuples s'y étaient donné rendez-vous, l'Allemand, le Français, l'Anglais, l'Italien ; le camp des chrétiens était comme une autre ville s'élevant en face de la ville infidèle, et comme une image de l'Europe.

Le XIIe siècle, qui terminait ainsi ses travaux par une sorte de décoration et de pompe militaire, nous offre de notables résultats. Les idées se débrouillent, les institutions se développent, les peuples se distinguent et les hommes s'affirment. Les rapports et les luttes de la religion et de la philosophie, ces deux points de vue d'une même vérité, s'établissent : Abailard et Bernard en ont la gloire. Le droit romain reparaît pour servir à la fois de pâture à l'esprit et d'instrument politique ; l'église commence à rédiger sa législation et son *corpus juris canonici*. Les libertés politiques s'organisent en France, en Italie, en Allemagne ; les grands hommes paraissent et se multiplient ; on voit luire de ces grandes figures dans lesquelles l'humanité s'exprime et se glorifie ; les relations de l'Orient et de l'Occident, de l'islamisme et du christianisme, sont devenues plus intelligentes et plus utiles. Les chrétiens, en révérant Saladin, ont appris qu'il est d'autres vertus que celles inspirées par l'Évangile ; et Richard est devenu, pour le sectateur du Coran, le type du chevalier chrétien. Bientôt, à la suite de la religion, le commerce et la science trouveront dans ces rapports de précieux avantages. Tel est le point où est parvenue la société européenne au moment où Innocent III monte sur le trône pontifical.

La vie d'Innocent III est un sujet bien fait pour séduire un esprit qui se croit la vocation d'écrire l'histoire. Son importance n'est inférieure à aucune des biographies les plus illustres des temps anciens et modernes ; elle offre l'apogée du moyen-âge. L'auteur qui s'en est emparé, M. Frédéric Hurter, ne saurait être compté, sans doute, parmi ces hommes de premier ordre qui écrivent l'histoire avec une autorité souveraine, et qui sont la gloire d'une littérature, comme Bossuet, Gibbon, Jean de Muller ; mais au-dessous de ces hauteurs inaccessibles à la foule, il est encore de belles places. Si M. Hurter n'a pas le génie de l'histoire, il en a bien le goût, l'esprit et le culte. Il y a vingt ans qu'en parcourant la collection des lettres du pape Innocent III, il conçut l'idée d'écrire son histoire. Depuis, à travers les devoirs d'une vie active, il n'a jamais négligé de rassembler les matériaux de ce grand travail. Il nous raconte lui-même qu'il ne tarda pas à comprendre que la vie d'un tel homme, centre et souvent moteur de tous les évènements de son siècle, ne pouvait être séparée de ses relations multipliées avec ses contemporains. La vie d'un pape au moyen-âge, dit fort bien M. Hurter, est un fragment de l'histoire universelle. D'ailleurs, la lecture attentive des écrits d'Innocent lui révéla combien la vie de ce pape s'était transformée dans celle de l'église, et alors la figure de l'homme dont il avait entrepris d'écrire l'histoire, lui apparut dans sa lumineuse splendeur. Voilà de l'enthousiasme naïf et sincère. M. Hurter a la passion de l'impartialité historique : protestant, président du consistoire du canton de Schaffhouse, il a *historiquement*, pour le catholicisme au moyen-âge, une admiration profonde ; nous disons *historiquement*, car il a soin de distinguer expressément la vérité de l'histoire de la vérité du dogme.

« Que la croyance qui faisait agir Innocent III, écrit M. Hurter, considérée en elle-même, soit vraie ou fausse, conforme ou non à la doctrine de l'Évangile, bien ou mal fondée sur la parole de Jésus-Christ, c'est une question d'un haut intérêt, qui appartient à la polémique théologique, mais dont l'histoire n'a pas à s'occuper. Il suffit à l'histoire de savoir que cette croyance dominait à une époque, et se liait à une institution qui exerçait une souveraine et universelle influence. » Nous ne pouvons qu'applaudir à tant de sagacité et répéter, avec l'écrivain de Schaffhouse, qu'il n'est rien de plus injuste que de répudier les plus hautes qualités de l'intelligence et du caractère, uniquement parce que nous n'approuvons pas les formes extérieures et les circonstances accidentelles avec lesquelles elles ont dû se manifester. Il n'y a donc pas trace, dans le livre de M. Hurter, des opinions et des principes du protestantisme ; il nous peint naïvement l'institution catholique dans sa puissance et son génie ; il raconte, il ne critique pas ; même on se surprend à trouver cette impartialité excessive, et cette absence complète d'appréciations rationnelles tourne, pour l'esprit, en une déception qui l'impatiente parfois. On ne peut écrire sur les institutions, les idées et les hommes, sans les juger et sans prendre parti. Si M. de Barante a pu appliquer à l'histoire, comme il l'a fait avec tant d'éclat, la méthode purement narrative, c'est qu'il a su choisir avec un tact exquis une époque où les évènements sont tous pittoresques, où les croyances du moyen-âge sont déjà tombées dans le chaos, où les idées modernes ne règnent pas encore, où tout aboutit presque toujours à des voies de fait, à des guerres entre la France et l'Angleterre, à des batailles en Flandre, à des scènes d'anarchie civile, à des jeux et à des champs-clos de chevalerie. Mais le XIIIe siècle ne peut se contenter d'une chronique ; il lui faut une histoire, parce qu'il a remué les croyances et les idées les plus profondes de l'humanité. Mais, prenons le livre de M. Hurter, tel qu'il lui a été donné de le concevoir et de l'exécuter ; prenons-le avec les qualités précieuses d'une érudition tout ensemble intelligente et candide, avec des défauts dont le génie pouvait seul se préserver, et, tel qu'il est, sachons en profiter et en jouir.

Le biographe d'Innocent III commence son livre par des détails sur la jeunesse du grand pape dont il va dérouler l'histoire. L'origine des Conti, aïeux d'Innocent, remonte à une époque beaucoup plus reculée que celle indiquée par les documents écrits qui existent encore. Du jour où elle se fixa à Rome, cette famille brilla pendant six siècles du plus vif éclat. Au XIIe siècle, un de ses rejetons, le comte Trasmondo, épousa une Romaine, nommée Claricie, de la maison des Scotti ; il eut de ce mariage une fille et quatre fils dont le plus jeune vint au monde vers l'an 1160 ou 1161 ; son père le fit baptiser sous le nom de Lothaire : c'est Innocent III. On sait peu de chose des premières années de Lothaire, de son enfance ; seulement il dut à sa noble origine, qui lui faisait compter trois cardinaux parmi ses plus proches parents, d'entrer à l'école de Saint-Jean-de-Latran. De Rome il se rendit à Paris dont la souveraineté scientifique attirait l'élite de la jeunesse européenne. Lothaire suivit de préférence les leçons de Pierre, chantre de la cathédrale, qui méritait une grande estime par la pureté de sa doctrine ; il s'honora toujours d'un pareil maître, et, quand il fut élevé sur le trône pontifical, il lui conféra tour à tour l'évêché de Cambrai et l'archevêché de Sens. C'était surtout l'Écriture sainte, et son application aux discours publics destinés au clergé et au peuple, qui occupait Lothaire ; néanmoins il ne négligeait pas la sagesse humaine. Le livre de Boëce, *de Consolatione philosophioe*, ce manuel des hommes d'état et des savants au moyen-âge, avait pour lui un grand attrait ; l'histoire affermissait sa raison, et l'antique poésie charmait ses loisirs. C'est pendant ce séjour à Paris qu'on place un voyage en Angleterre, où il aurait été s'agenouiller sur le tombeau de Thomas Becket, martyr de la cause de l'église. Quelles pensées s'élevèrent alors dans son âme, et le fils du noble comte ne songea-t-il pas dans sa prière à continuer l'ouvrage du fils du charpentier ?

De Paris, Lothaire alla à Bologne. Les nombreuses ordonnances, les décisions et réponses qu'il rendit quand il fut pape, attestent qu'il y étudia profondément le droit canonique. Enfin il retourna à Rome et reçut les ordres sacrés ; il obtint un canonicat à Saint-Pierre, Grégoire VIII, qui ne régna que cinquante-sept jours, lui conféra le sous-diaconat ; ce fut son oncle maternel, Clément III, qui remplaça Grégoire. Le nouveau pape nomma son neveu, âgé de trente ans, cardinal-diacre, et lui conféra le titre de l'église de Saint-Sergius et de Saint-Bacchus, titre qu'il avait lui-même porté. Nommé cardinal, après avoir donné ses premiers soins à son église, dont il releva les murs et orna l'intérieur, il s'occupa activement des affaires générales auxquelles l'associait sa nouvelle dignité. Ces occupations lui valurent la connaissance des personnages marquants de tous les royaumes chrétiens, et des amitiés auxquelles plus tard il resta fidèle. Sous le règne de Célestin III, il prit moins de part à l'administration de l'église ; depuis longtemps sa famille et celle du nouveau pape étaient ennemies. C'est à cette époque qu'il composa un livre *des Misères de la vie humaine*, déclamation lugubre sur les douleurs de l'homme et du genre humain ; en voici quelques traits : « Que la vie est pénible ! Voulez-vous parvenir à la sagesse, à la science, alors les veilles, les peines et le travail sont votre lot, et néanmoins à peine si vous acquérez quelques connaissances… Quelle agitation intérieure pour toute chose ! Le riche et le pauvre, le maître et le valet, l'époux et le célibataire, tous sont tourmentés de diverses manières par la misère. Ainsi le célibataire par le désir de la chair, et le mari par sa femme : celle-ci veut des parures précieuses, des meubles, sans aucun égard aux revenus de son mari ; si elle ne les obtient pas, elle se plaint, elle pleure, elle fait la moue et murmure toute la nuit… La vie est un service militaire, elle est environnée de tous côtés d'ennemis et de dangers ; la nature humaine est de jour en jour plus corrompue ; le monde et notre corps vieillissent… L'âme ne se sépare pas avec plaisir du corps ; la mort et la corruption nous font frissonner d'effroi. A quoi servent alors les trésors, les festins, les honneurs, les jouissances de la vie? Voici venir le ver qui ne meurt pas, le feu qui ne s'éteint pas. Ne dites pas : La colère de Dieu ne peut être éternelle, sa miséricorde est infinie ; l'homme a péché dans le temps, Dieu ne punira pas pour l'éternité. Espérance stérile, fausse présomption ! Pas de délivrance possible dans l'enfer, car le mal restera comme penchant, quand même il ne pourra plus être exécuté ; ils ne cesseront de blasphémer l'Éternel, et c'est ainsi que le renouvellement de la faute renouvellera le châtiment. » Quand, un siècle après, un poète viendra écrire aux portes de l'enfer : *ici plus d'espérance* il ne fera que répéter cette implacable théologie d'anathème et de désespoir contre laquelle aujourd'hui l'humanité proteste victorieusement.

Célestin III tomba malade vers la fête de Noël 1197 ; aussitôt qu'il eut rendu le dernier soupir, Lothaire, accompagné de quelques cardinaux, vint à l'église de Saint-Jean-de-Latran célébrer l'office des morts pour le défunt. Les cardinaux devaient, conformément aux anciens usages, s'assembler le second jour après la mort du pape, pour célébrer ses funérailles et procéder, le troisième jour, à l'élection ; mais ils jugèrent nécessaire de se hâter, pour prévenir toute influence extérieure qui aurait pu prévaloir au préjudice de la liberté de l'église. Aussi, le jour même de la mort de Célestin, ils s'assemblèrent dans un couvent près du Scaurus ; ils s'y crurent plus en sûreté contre les Allemands qui occupaient le pays jusqu'aux portes de Rome. Jean de Salerne obtint dix voix, d'autres cardinaux portèrent leurs suffrages sur Octavien ; mais celui-ci déclara qu'il regardait le cardinal Lothaire comme plus digne que lui-même du pontificat. Son exemple entraîna Jean de Salerne, qui fit la même déclaration, et tous les cardinaux reportèrent unanimement leurs voix sur un homme de trente-sept ans qui suppléait à l'âge par l'éclat du talent ; c'était bien une élection digne du Saint-Esprit. On assure que pendant la séance trois colombes voltigèrent au-dessus du couvent, et que la plus blanche des trois prit son vol à la droite de Lothaire, quand il se fut mis à la place que devait occuper l'élu. Le peuple accueillit, par des cris de joie, la nouvelle de cette élection extraordinaire. Appuyé sur deux cardinaux, Lothaire se rendit à Saint-Jean-de-Latran pour prier l'Éternel, pendant que ses frères chantaient le *Te Deum*, et les cérémonies accoutumées s'accomplirent. Cependant le nouveau pape n'était encore que diacre, il fallait qu'il fût sacré prêtre et évêque avant d'être solennellement installé sur le trône du prince des apôtres : ce ne fut que six semaines après l'élection qu'il fut couronné pape, dans l'église de Saint-Pierre. « Le symbolisme de ces siècles, dit notre historien, qui donnaient une pensée profonde à tout acte de la vie, qui plaçaient dans la main gauche de l'empereur une pomme d'or remplie de cendre, afin que l'éclat extérieur lui rappelât la splendeur du trône, et la cendre cachée, la destruction rapide de sa personne ; ce symbolisme posa sur la tête du pape une couronne de plumes de paon, afin qu'il n'oubliât jamais que ses regards, comme les yeux de ces plumes, devaient être dirigés de tous côtés. Les brûlantes et abondantes larmes versées par Lothaire, qui prit le nom d'Innocent III, pendant cette imposante solennité, trahirent toute la violence de son émotion. »

Le second livre de l'histoire de M. Hurter est consacré à exposer l'état de l'Europe et de l'Orient, au moment de l'intronisation du nouveau pape. Le trône de l'empire était vacant, et le choix de celui qui devait s'y asseoir était d'un bien haut intérêt pour l'église romaine. En France régnait Philippe-Auguste dans tout l'éclat de la jeunesse, ayant cinq ans de moins qu'Innocent, et ne cédant pas à celui-ci en fermeté. Richard d'Angleterre, par suite de ses luttes continuelles avec la France, vivait beaucoup moins dans son île que dans ses provinces d'outre-mer, En Espagne, Alphonse de Castille, malheureux dans les combats qu'il livrait aux Maures, avait perdu Calatrava, Alarcos, et faisait aussi la guerre au roi de Léon. Les royaumes scandinaves étaient encore le théâtre de scènes sanglantes, et la protection vigilante de Rome pouvait seule empêcher que le christianisme y fût étouffé sous l'oppression de persécuteurs victorieux. En Hongrie ; Bela III, roi juste et sévère, avait dans ses états départi à l'église cette liberté que les papes s'efforcèrent de lui faire octroyer partout ailleurs ; il mourut peu de temps après l'élection d'Innocent. A Constantinople, Isaac l'Ange avait été jeté du trône dans les fers par le crime de son frère Alexis ; dans quelques années, l'empire grec tombera au pouvoir des Vénitiens et des Français. En Égypte et dans les pays où Saladin avait si puissamment régné, ses fils et son oncle Saffeddin se faisaient une guerre qui permettait aux chrétiens de respirer un peu. Dès la première lettre qu'il écrivit, Innocent exprima les principes sur lesquels devait reposer son administration. « Il est de notre devoir, disait-il, de faire fleurir la religion dans l'église de Dieu, de la protéger là où elle fleurit. Nous voulons que pendant toute notre vie le christianisme soit obéi, respecté, et que les établissements religieux prospèrent de plus en plus. » Le grand âge de son prédécesseur avait apporté quelque retard dans la marche des affaires. Aussi, dès le jour de son élection, même avant d'être sacré comme chef de l'église, il se livra avec ardeur au travail. Il s'astreignit lui-même à des habitudes modestes, ne voulut pas qu'on servît plus de trois mets sur sa table, et congédia ses pages en leur donnant les moyens de devenir chevaliers. Il ne permit plus aux cardinaux de recevoir de l'argent pour l'expédition des affaires, afin de couper court aux plaintes, aux accusations qui s'élevaient déjà contre la vénalité romaine, comme le prouve cette exclamation d'un chroniqueur : « Réjouis-toi, ô Rome ! les portes des trésors terrestres sont ouvertes ; l'argent afflue vers toi. Réjouis-toi de ce que la discorde a éclaté dans l'enfer, afin d'augmenter ton lucre ! Contente ta soif ; répète ton ancien refrain ! Ce n'est pas par la religion, mais par la méchanceté des hommes, que tu as vaincu le monde. » Innocent dut aussi songer à rétablir son autorité à Rome même et dans ses provinces. Il profita de la joie du peuple à son élection pour faire disparaître, dans la personne du sénateur, la dernière trace de l'indépendance des Romains, comme il supprima, dans la personne du préfet, la dernière trace de la suzeraineté impériale. Puis il s'occupa des parties éloignées des domaines de l'église. Il fit rentrer dans une complète obéissance la marche d'Ancône et la Romagne, malgré les entreprises de Markwald d'Anweiler, chevalier alsacien. Il soumit aussi le duché de Spolette, le comté de Bénévent et d'autres seigneuries. En Sicile, Constance, veuve de l'empereur Henri, et tutrice d'un enfant qui plus tard sera Frédéric II, cherchait sa force dans le lien féodal avec le saint-siège. Elle envoya des ambassadeurs à Innocent, avec la mission de recevoir, au lieu et nom de Frédéric, en fief du pape, le royaume de Sicile, le duché de la Pouille et la principauté de Capoue, aux mêmes conditions qui avaient existé jusqu'à ce jour entre le souverain pontife et les rois ; tant le pape était alors invoqué comme le protecteur et le supérieur des princes !

Mais il est remarquable qu'Innocent III apporta beaucoup de ménagements dans l'exercice de cette suprême autorité. Ainsi, dans les affaires de l'Allemagne, il laissa l'élection d'Othon s'accomplir librement et sans aucune intervention de sa part ; il attendit que les divisions qui déchiraient l'empire provoquassent un appel à son tribunal. Envers Philippe-Auguste, pour son divorce avec Ingelburge, il fut inflexible au fond, patient et plein de douceur dans la forme : il ne se lassa jamais de remontrer au roi que la dignité royale ne peut être au-dessus des devoirs d'un chrétien ; il lui déclara que, malgré son attachement pour la maison royale, qui dans tous les orages ne s'était jamais séparée de l'église romaine, il serait obligé de lever contre lui sa main apostolique. Les royaumes de Léon et de Castille, celui de Portugal, érigé sous la consécration d'Alexandre III ; la Norvège, la Hongrie, l'Islande, où les ecclésiastiques furent adjurés de ne plus se livrer à l'assassinat, à l'incendie, à la débauche, et de ne plus exciter l'indignation par la multitude de leurs péchés ; tous ces pays reçurent d'Innocent des conseils paternels, des remontrances sévères, des directions politiques. Pour s'en assurer, il ne faut que lire ses lettres si belles et si pleines, lettres à la rédaction desquelles, s'il ne les a pas toutes écrites lui-même, il a évidemment coopéré. C'étaient ses dépêches.

L'Europe n'absorbait pas toute sa pensée, et il n'oubliait pas l'Orient. S'il travaillait à fonder l'ordre en Italie et dans le royaume de Sicile, à terminer les dissensions de l'Allemagne, à rétablir la paix entre la France et l'Angleterre, c'est qu'il voulait armer l'Europe pour venger les chrétiens de la Palestine, c'est qu'il songeait à faire rentrer Byzance dans la grande unité catholique. Il avait dit un jour publiquement à Rome : « Jésus-Christ pleura sur Jérusalem ; aujourd'hui il ne nous reste aussi que des pleurs. Les routes de Sion sont désertes, parce que personne ne veut se rendre à une fête : les ennemis du Christ l'emportent. » Il envoya des évêques à Pise, à Gênes ; à Venise, pour exhorter les fidèles à remplir leurs devoirs envers le crucifié. Il rappela aux Vénitiens que, sous prétexte qu'ils ne vivaient que du commerce et de la navigation, il ne leur était pas permis de pourvoir les Sarrasins, par échange on par commerce, de munitions de guerre, de fer, de chanvre, de pois, de clous, de cordes, de bois, d'armes, de galères, de vaisseaux. Déjà les intérêts positifs conspiraient contre la religion. Rien n'était plus propre à assurer le succès d'une croisade que la coopération de l'empereur grec. Innocent III employa tout pour déterminer Alexis à prendre part à la guerre contre les ennemis de la foi. Il lui envoya des légats pour négocier tant avec lui qu'avec le patriarche, au sujet de la délivrance du Saint-Sépulcre et de la réunion des deux églises ; mais le ton hautain des lettres du pape choqua l'empereur. « Si Jérusalem est au pouvoir des gentils, répondit-il, c'est une preuve que Dieu est toujours irrité contre les crimes des chrétiens, et que la parole du prophète : *Ils règnent pour eux et non par moi, car ils ne me connaissent pas*, s'applique aux rois. Quant à la réunion avec l'église romaine, la meilleure union consisterait à voir chacun renoncer à sa volonté personnelle. Au surplus, si le pape veut soumettre les doctrines controversées à l'examen d'un concile, l'église grecque s'y trouvera. » Mais rien ne décourageait Innocent dans ses projets de croisade ; il continua de solliciter les puissances de l'Europe ; il peignit de nouveau au roi de France les malheurs de Jérusalem ; il lui dit qu'il devait non-seulement permettre aux croisés de partir, mais les y forcer. Il envoya des pouvoirs étendus à Foulques, curé de Neuilly, ardent missionnaire qui enflammait de son éloquence les populations de France et des Pays-Bas. Enfin, la noblesse se leva encore une fois pour la délivrance des lieux saints, et envoya demander des vaisseaux à Venise pour le transport de l'armée chrétienne en Orient. Mais ici s'ouvre une scène nouvelle qui devait former un notable contraste avec les triomphes des chrétiens à Jérusalem et à Ptolémaïs.

Parmi les trois villes d'Italie qui alors rivalisaient de puissance, Pise, Gènes et Venise, c'était la cité de saint Marc qui avait le plus de forces et d'avenir. Elle avait déjà lancé sur mer des flottes de deux cents vaisseaux ; elle étendait son autorité sur toutes les côtes de la Méditerranée ; elle commerçait avec Constantinople, où même les Vénitiens possédaient quelques rues spécialement habitées par eux ; avec Naples, la Sicile, avec le roi d'Arménie. La foire de

Venise devint bientôt la plus riche et la plus fréquentée de l'Europe ; c'était le dépôt des produits de tous les pays des trois parties de la terre. Au moment où les croisés envoyèrent des députés à la république, elle nourrissait contre Constantinople d'ardents désirs de vengeance, et Dandolo, qui, à quatre-vingt-dix ans, avait toute la vivacité d'un jeune homme, épiait toujours le moment d'être l'instrument heureux des passions de son pays. On sait que les croisés ne purent tenir les conditions stipulées, et que Dandolo leur proposa de se racheter par la conquête de Zara, que le roi de Hongrie avait enlevé à la république. Ils acceptèrent cette façon militaire de payer leurs dettes, et ils emportèrent une ville chrétienne, malgré la défense du pape.

Quel changement dans les cœurs ! quelle altération de la foi ! Voilà les croisés devenus des espèces de *condottieri*, prêtant leur épée même contre des chrétiens, et n'étant plus sensibles qu'au plaisir de la guerre, sans plus songer à Jérusalem. En vain les bourgeois de Zara ont suspendu des crucifix aux murs de la ville, en vain le pape a transmis aux croisés par ses légats les plus expresses défenses, les croisés ne respectèrent pas plus l'image de Dieu que son vicaire, et ils pillèrent la ville la plus riche de la Dalmatie. « Satan vous a poussés à porter vos premières armes contre un peuple chrétien, leur écrivit Innocent quand il apprit la prise de Zara ; vous avez offert au diable les prémices de votre pèlerinage. Vous n'avez dirigé votre expédition ni contre Jérusalem, ni contre l'Égypte. La vénération pour la croix que vous portez, l'estime pour le roi de Hongrie et pour son frère, l'autorité du siège apostolique, qui vous avait envoyé des ordres précis, auraient dû vous détourner d'un pareil crime. Nous vous exhortons à ne pas continuer la destruction au-delà de ce qui est déjà fait, à restituer tout le butin aux envoyés du roi de Hongrie, sans quoi vous serez déclarés passibles de l'excommunication que vous avez méritée, et déchus de tous les bienfaits de la croisade qui vous sont promis. » Les princes français reconnurent leur faute, et envoyèrent à Rome le savant maître Jean de Noyon et deux chevaliers pour apaiser le pape, qui accepta leur repentir, faute de mieux. Mais d'autres déplaisirs attendaient Innocent ; il apprit par son légat le traité que les croisés venaient de conclure avec Alexis pour remettre ce dernier en possession du trône de Byzance. Il se hâta de leur écrire. « Vous ne devez pas vous imaginer, leur mandait-il, qu'il vous soit permis d'attaquer l'empire grec, parce que cet empire ne reconnaît pas le siège apostolique, ou parce que l'empereur a précipité son frère du trône. Vous n'êtes pas juges de ces faits, et vous avez pris la croix pour venger, non cette injustice, mais l'injure faite au Christ. Nous vous exhortons sérieusement à renoncer à cette entreprise, et à vous diriger, sans commettre aucune violence, sur la terre sainte ; sinon, nous ne pouvons vous assurer le pardon. » Vaines remontrances ! l'armée chrétienne n'aspirait plus à Jérusalem, mais à Constantinople, à ses richesses, à ses plaisirs, aux émotions nouvelles que devait leur donner la ville *aux deux mers*, non moins illustre que Rome, aussi chrétienne que Jérusalem, voluptueuse comme Babylone. Il faut lire, dans M. Hurter, la description de Byzance, morceau traité par l'historien avec l'érudition la plus pittoresque. Quelle impression, remarque-t-il avec vérité, ne devait pas exercer sur les esprits des chevaliers habitués à la solitude de leurs châteaux, ou à la pauvreté des villes occidentales, cette cité impériale, qui n'était qu'une suite de palais, d'églises, de couvents dans lesquels des milliers de religieux se consacraient au service de Dieu ! Et leur surprise en contemplant les chefs-d'œuvre qui avaient orné Rome et les villes de la Grèce ! Si les Latins avaient pris Constantinople malgré le pape, ce dernier ne devait pas moins chercher à tirer profit de cet événement inattendu. Il reçut d'Alexis la promesse de reconnaître le pape comme successeur du prince des apôtres, et d'employer tous ses soins à soumettre l'église d'Orient au saint-siège. Plus tard, il s'étonne que le patriarche n'ait pas encore fait acte d'adhésion et d'obéissance à l'église romaine en demandant le pallium. Quand Baudoin fut élevé au trône de Byzance par ses pairs, il écrivit au pape, à l'empereur d'Allemagne, à tous les évêques, pour les engager à exciter parmi les habitants de l'Occident de tout rang et de tout sexe, parmi les nobles et les roturiers, le désir de venir prendre part aux immenses trésors temporels et spirituels que renfermait sa capitale il pensait que le saint-père contribuerait à sa propre gloire et à celle de l'église universelle, en convoquant un concile à Constantinople, en l'honorant de sa présence et en réunissant la nouvelle Rome à l'ancienne. Il invita des maîtres et des disciples de

Paris à se rendre en Grèce pour restaurer les sciences dans le pays qui avait été leur berceau. Outre les richesses spirituelles, leur mandait-il, les avantages temporels vous attendent en foule. Plus tard, il envoya un grand nombre de jeunes Grecs à Paris, afin de s'instruire dans les arts, les sciences, et le service divin de l'Occident. Innocent répondit qu'il mettait l'empire de Baudoin sous la protection de saint Pierre, il l'engagea à ne rien négliger pour la réunion des deux églises. « A présent, dit-il, Samarie s'adressera à Jérusalem, et personne ne cherchera plus le Seigneur à Dan ou à Bethel, mais tout le monde ira à Sion. » Un nouveau patriarche fut ordonné à Constantinople ; il reçut le pallium et prêta serment d'obéissance au siège apostolique ; il reçut expressément du pape le privilège de couronner les empereurs grecs. Venise était alors si puissante à Byzance, qu'elle avait arraché au patriarche la promesse de ne choisir que des Vénitiens pour chanoines à Sainte-Sophie. Le pape déclara l'engagement illicite, et ordonna qu'il ne fût pas exécuté, sous peine d'excommunication. Une ambassade solennelle fut envoyée à Rome, par le patriarche, pour y porter des réclamations et y demander des conseils sur un grand nombre d'objets. Cependant l'impossibilité de conserver longtemps Constantinople, et d'en faire le centre fortifié d'où l'on devait conquérir la Terre-Sainte, devenait toujours plus grande, si l'on ne recevait pas de l'Occident des renforts considérables. Innocent ne se lassait pas de réclamer de nouveaux secours auprès des princes de l'Europe ; mais les émigrations qui se faisaient en

Orient étaient plus funestes qu'utiles au nouvel empire latin. C'étaient des moines quittant leurs cellules, des troupes nombreuses d'ecclésiastiques envahissant les provinces où devait être introduit le rit catholique ; et ce n'étaient pas les plus pieux et les plus purs qui arrivaient : le monde avait le triste spectacle d'une lutte sans fin entre le clergé grec et le clergé romain, entre les laïcs et les prêtres, pour des possessions et des revenus. Innocent, supérieur à toutes ces convoitises, s'attachait à maintenir la justice, à faire tomber la fatale séparation entre les deux églises, à réprimer les abus qui lui étaient dénoncés, comme les excès et l'insolence des templiers, et sa douleur était de ne pouvoir arracher à l'Europe des secours efficaces pour les chrétiens d'Orient.

En France, la lutte contre les Albigeois occupait la noblesse ; l'Espagne combattait comme à l'avant-garde de l'Europe à l'ouest, et l'Angleterre était déchirée par les divisions de Jean-Sans-Terre avec ses barons. Enfin les faibles rois de Jérusalem et de Chypre ne purent pas même rester unis contre les ennemis de la foi chrétienne. Ce n'était déjà plus pour l'Europe le temps des aventures désintéressées, et les hommes positifs du XIIIe siècle n'avaient déjà plus la foi de leurs pères. La religion seule n'était plus assez puissante pour faire traverser la mer aux chrétiens et les échauffer à la conquête d'un tombeau. Aussi, au lieu d'aller à Jérusalem, on s'est arrêté à Constantinople ; ce n'est pas la religion qui prospère, c'est le commerce ; Venise devient l'entrepôt de l'Asie et de l'Europe ; ses flottes sillonneront la mer Noire ;

ses marchands s'empareront du commerce de blé, de sel, de fourrures de la Crimée ; ils recevront près de la mer d'Azof les produits du midi de l'Asie ; ils approvisionneront les marchés de l'Allemagne, de la France et des Pays-Bas. Cependant la science aura aussi ses profits ; les trésors de l'antiquité s'épanchent sur l'Europe, qui, jusqu'alors exclusivement chrétienne, acquiert la preuve qu'avant elle il y eut tout un monde intellectuel et moral. Le Grec vient à Paris ; le Parisien visite Byzance ; on se mêle, on se compare, et il se trouve que c'est la religion qui a provoqué ces progrès du commerce et de la science. Ainsi, dans la continuité des siècles, tous les éléments de l'humanité viennent tour à tour demander et obtenir satisfaction, car Dieu n'a pas donné le temps aux peuples et aux hommes pour qu'ils fissent toujours la même chose.

Mais il nous faut assister à une des plus puissantes révoltes de l'esprit d'hérésie et de liberté contre l'église catholique. En commençant son récit de la guerre contre les Albigeois, M. Hurter remarque judicieusement que plus les développements d'une institution sont brillants, plus l'esprit humain met d'activité à rechercher son côté faible ; il s'attache d'autant plus à en épier les imperfections, que cette institution s'efforce de perfectionner son organisation intérieure par une hiérarchie fortement constituée. Deux espèces d'adversaires s'élevèrent au sein de l'église. Les uns cherchaient surtout à attaquer la doctrine déclarée par l'église la seule vraie, la seule qui unisse l'homme à Dieu ; les autres dirigeaient leurs armes principalement contre les formes extérieures, en prenant pour prétexte les exagérations de quelques hommes. Les premiers se rattachent, dès les commencements de la foi évangélique, à la doctrine des deux principes du bien et du mal, doctrine devenue en Perse une croyance populaire, et que Manès voulut mêler avec le christianisme. Les manichéens se multiplièrent rapidement sans que les lois sévères des empereurs de Constantinople parvinssent à les anéantir. Au XIIe siècle, ils reçurent le nom de *pauliciens*, soit d'un certain Paul qui renouvela l'ancienne doctrine, soit à cause de la vénération dont ils faisaient profession pour les écrits de l'apôtre Paul. Quand ils se répandirent de plus en plus de l'Euphrate vers l'Asie mineure, les empereurs cherchèrent à les détruire ; ils en déportèrent aussi beaucoup dans la Thrace, dans les vallées de l'Hémus, et c'est ainsi que le germe de leur doctrine passa en Europe. Ils entrèrent en relation avec les peuples occidentaux par les expéditions militaires ou par le commerce. Au commencement du XIe siècle, ils s'introduisirent en Italie, et firent, surtout à Milan, de nombreux prosélytes. De là, dit-on, leur doctrine fut apportée par une femme en France, et à Orléans quelques savants ecclésiastiques abandonnèrent la foi de l'église. Rejetant la plupart des dogmes établis et prétendant à des connaissances plus hautes, ils prenaient volontiers le nom de *purs*, χαθαροι ; au surplus ils se partagèrent eux-mêmes en des sectes nombreuses. M. Hurter s'est livré, sur ces hérésies, à de curieuses recherches. Mais si l'erreur des Catharéens tombait surtout sur le dogme, il y avait une autre grande secte qui attaqua principalement l'église au point de vue de la vie pratique. L'historien d'Innocent III raconte comment Pierre Waldo, riche bourgeois de Lyon, et ses disciples dirigèrent leur agression contre l'église visible. Elle a été corrompue, disaient-ils, par les possessions temporelles, tandis que chez eux, au contraire, on peut trouver la doctrine du Christ et des apôtres en paroles et en actions. Aussitôt qu'Innocent fut élevé sur le siège apostolique, il s'occupa des sérieux dangers que courait l'église, de l'audace avec laquelle l'hérésie levait la tête ; il considérait qu'elle avait été adoptée dans le midi de la France par presque toute la noblesse, que les plus grands seigneurs lui accordaient protection, qu'elle comptait des adeptes même parmi les abbés et les chanoines, et qu'elle se propageait rapidement dans la Haute-Italie. Aussi voulut-il consacrer toutes les forces de l'état romain et des autres pays chrétiens à la détruire ; on peut dire qu'elle avait trois capitales, la ville de Léon en Espagne, Toulouse en France, et Milan en Italie. Déjà, pour le midi de la France, le pape Alexandre III avait convoqué un synode à Albi en 1176, et, deux années plus tard, envoyé un cardinal et un abbé de l'ordre de Citeaux à Toulouse, pour ramener les hérétiques par une discussion pacifique. Efforts inutiles ! Toulouse s'entêtait de plus en plus dans l'hérésie. Les franchises municipales dont jouissait cette cité rendaient ses habitants orgueilleux et indociles aux ordonnances de l'église. Les hérétiques avaient pour protecteurs le vicomte Raymond Roger de Beziers, seigneur de

Carcassone, le vicomte de Béarn, le comte de Comminges, le comte de Foix, et le comte d'Armagnac. A la cour de chaque seigneur provençal, des troubadours se réunissaient qui répandaient leurs railleries sur les choses saintes, sur les évêques et les prêtres, sur les moines et les nonnes. Les chevaliers ne vouaient plus leurs fils à l'état religieux ; presque tous les seigneurs ne présentaient aux évêques que des fils de fermier pour devenir curés, et, d'après l'ancien proverbe : J'aimerais mieux me faire juif que de faire telle ou telle chose, la noblesse disait : J'aimerais mieux me faire prêtre. Enfin, Innocent III représenta au roi de France que le temps était venu où le pouvoir spirituel et le pouvoir temporel devaient coopérer ensemble pour la défense de l'église et se prêter un mutuel appui, afin que le bras séculier écrasât ceux qui ne se laisseraient pas retirer du péché par la doctrine ecclésiastique. Il dit au roi que son devoir lui commandait de se lever, d'employer la force qui lui avait été accordée par Dieu, et, s'il ne pouvait marcher en personne contre les impies, d'envoyer son fils ou tout autre personnage puissant. Un jour il lui écrivit avec une éloquente vivacité : « Levez-vous, et jugez ma cause ! Ceignez l'épée ! Veillez sur l'unité entre la royauté et le sacerdoce : unité désignée par Moïse et par Pierre, et les pères des deux Testaments. Ne laissez pas l'église faire naufrage dans ces contrées ! Courez à son secours ! Combattez avec l'épée les hérétiques, qui sont encore plus dangereux que les Sarrasins. »

La croisade contre les Albigeois est racontée par M. Hurter de la manière la plus détaillée ; sa narration est attachante, puisée à toutes les sources contemporaines, impartiale, sympathique pour les opprimés, mais exposant avec justice la raison des choses ; elle dégage Innocent III d'une responsabilité qui serait inique, si on voulait lui imputer les excès et les emportements du farouche Montfort. Nous regrettons que l'historien suisse n'ait pu profiter, dans la rédaction de son travail, d'un poème historique récemment édité par le savant M. Fauriel; il y aurait trouvé des descriptions dont la dramatique réalité eût prêté à ses pages de nouvelles couleurs. Mais il résulte du récit de notre historien que si le pape Innocent a pris l'initiative de cette croisade, s'il a provoqué Philippe-Auguste et le terrible Montfort, il n'a jamais autorisé et a souvent ignoré les rigueurs excessives de ses légats et les cruautés de l'armée catholique. Quant au fond des choses, à l'idée d'extirper l'hérésie, elle est si naturelle, qu'on s'étonnerait qu'elle n'eût pas animé ce grand pape. Rome ne pouvait consentir à l'hérétique indépendance de Toulouse, Paris pas davantage, et dans leur entreprise combinée contre le midi de la France, Innocent III et Philippe-Auguste furent les agents légitimes et nécessaires, le premier, de la religion pour remettre de coupables dissidents sous le joug de l'unité ; le second, de la monarchie pour attirer à elle ces précieuses et belles provinces.

L'Allemagne et l'Angleterre occupèrent beaucoup Innocent pendant les dernières années de sa vie. Oubliant la persévérance avec laquelle Innocent l'avait soutenu contre les usurpations et les menaces de Philippe de Souabe, son ancien rival, l'empereur

Othon s'était mis à envahir en Italie les possessions de l'église ; il reprenait toutes les prétentions de l'empire quant au temporel, tout en reconnaissant le pape comme chef de la chrétienté dans toute l'extension de ses attributions spirituelles ; il menaçait aussi la Pouille et le royaume de Sicile, dont le jeune roi Frédéric était sous la protection du saint-siège. L'excommunication qu'Innocent prononça contre Othon fut fatale à l'empereur ; elle releva le courage des partisans des Hohenstaufen qui voulaient le déposer pour mettre sur le trône un rejeton de cette maison. Une partie des princes allemands déclara sa déchéance et fit offrir la couronne au jeune roi de Sicile ; Frédéric l'accepta, et Othon vit s'ouvrir devant lui une succession de disgrâces que termina la bataille de Bouvines, journée célèbre où la féodalité germanique, qui avait formé une vaste ligue contre la monarchie française, succomba devant sa grandeur naissante.

En Angleterre, Innocent III n'eut pas le même bonheur qu'en Allemagne ; car il fut entraîné à soutenir un prince indigne, Jean-sans-Terre, et à lutter contre le parti populaire des barons, réclamant le respect et l'octroi solennel des libertés nationales. Il ordonna aux barons de renoncer à la grande charte qu'ils avaient arrachée. « Renoncez, leur mandait-il, à cette convention honteuse ; réparez envers le roi les dommages que vous lui avez causés, et il vous accordera alors spontanément ce qu'il pourra raisonnablement vous concéder. » Comme les barons persévérèrent, il les excommunia ; apprenant que

Louis, fils de Philippe-Auguste, avait fait alliance avec eux, il écrivit au père, au fils, et aux évêques de France, pour les exhorter à ne pas faire cause commune avec des excommuniés. Les Anglais reçurent avec indifférence l'excommunication. Pourquoi le pape, disaient-ils, se mêle-t-il des choses temporelles ? Le pape veut-il être le successeur de Constantin, et non plus celui de saint Pierre ? Louis passa en Angleterre, et, après avoir soumis la plus grande partie de son nouveau royaume, il envoya des députés l'excuser auprès d'Innocent, qui ne voulut rien entendre et l'excommunia. Quelque temps après, le pape se rendit à Pérouse, où il voulait travailler à pacifier l'Italie, toujours dans le dessein d'une croisade en Orient, quand il fut attaqué d'une fièvre tierce qui dégénéra bientôt en fièvre aiguë. Il en souffrit plusieurs jours sans soupçonner le danger de la maladie, et sans s'abstenir des oranges dont il avait l'habitude. Il s'ensuivit une paralysie, un assoupissement et la mort. Innocent mourut le 16 juillet de l'année 1216, dans la cinquante-sixième année de son âge, après avoir occupé le saint-siège pendant dix-huit ans six mois et sept jours. Un an avant sa mort, il avait convoqué un concile général à Saint-Jean-de-Latran, où furent présents les ambassadeurs de l'empereur de Constantinople, des rois de France, d'Angleterre, d'Aragon, de Hongrie, de Chypre, les représentants de beaucoup d'autres princes et de plusieurs villes. On compta jusqu'à deux mille deux cent quatre-vingt-trois personnes qui avaient le droit d'assister aux assemblées. Dans ce concile qu'il ouvrit par un sermon, Innocent III condamna toutes les hérésies, déclara déchus de toute souveraineté les princes fauteurs des hérésies, accorda les mêmes indulgences aux catholiques qui se croiseraient contre les hérétiques qu'à ceux qui iraient en Terre-Sainte, prit sous sa protection les Grecs réunis à l'église romaine, établit quatre patriarches à Constantinople, à Alexandrie, à Antioche, à Jérusalem, régla les élections et les ordinations pour toute l'église, rendit la communion annuelle obligatoire pour les chrétiens, défendit d'établir de nouveaux ordres religieux, et renouvela les prescriptions contre la simonie.

M. Hurter nous représente Innocent comme étant d'une moyenne taille et d'une complexion délicate ; aussi fut-il attaqué plusieurs fois de graves maladies. Il était doué d'une grande pénétration, d'une mémoire heureuse, de courage et de prudence tout ensemble : sévère aux récalcitrants, bienveillant pour les humbles, il avait la plus haute idée de la puissance de l'église. L'église était à ses yeux un royaume qui n'a point de frontières, dans lequel il n'y a point de distinction de peuples, sur lequel aucun souverain ne possède de droits, Il avait si fort élevé la papauté, que dans un écrit, composé peu de temps après sa mort, on lisait que, s'il avait vécu seulement dix années de plus, il eût réduit toute la terre sous son pouvoir, et répandu chez tous les peuples une seule et même croyance. Au milieu de toutes ses affaires, Innocent n'oublia jamais qu'il devait servir de modèle à tous dans l'accomplissement des fonctions ecclésiastiques. Il attachait une grande importance à élever les esprits par la prédication des vérités de l'Évangile ; il prêchait en langue vulgaire devant le clergé et le peuple ; il fit recueillir un certain nombre de ses sermons et les envoya comme présent à l'abbé Arnault de Citeaux. Il composa aussi un ouvrage sur l'instruction des princes, et des dialogues entre Dieu et un pécheur. Il aimait les sciences ; on prétend qu'il fut même versé dans la médecine. Dans une lettre à l'archevêque d'Athènes, il fit un pompeux éloge de la cité de Minerve, et il eut toujours pour l'université de Paris les sentiments d'une bienveillante amitié.

Nous ne saurions nous séparer du livre de M. Hurter, sans le signaler comme une mine inépuisable de faits de toute espèce : non-seulement M. Hurter a écrit une biographie d'Innocent III, mais son ouvrage est encore une histoire générale du moyen-âge pendant le premier quart du XIIIe siècle. Sur tous les pays où a dû tomber le regard du pape, non-seulement sur ceux dont le développement historique datait déjà de plusieurs siècles, mais sur ceux dont la barbarie toute vive n'avait reçu que d'hier le baptême du christianisme, comme la Norvège, le Danemark, la Suède, la Prusse, la Pologne, la Hongrie, la Servie, la Livonie, la Bulgarie et l'Arménie, dont il fallait ramener le culte hétérodoxe à l'unité de l'église latine, l'histoire de M. Hurter livre au lecteur les plus intéressants détails, et le fruit qu'on en retire est la connaissance complète des mouvements de tous les peuples à cette grande époque. La lumière, il est vrai, n'est pas également étendue sur toutes les parties de ce vaste récit, et la lecture de cette volumineuse histoire est un peu laborieuse. Toutefois on peut l'étudier avec confiance dans la traduction de MM. Saint-Cheron et Haiber ; M. Hurter, après avoir pris connaissance de leur travail pour le premier volume, l'a complètement approuvé, leur a transmis pour les deux autres des communications inédites, et a protesté d'avance contre toute autre traduction qui ne pourrait avoir ce caractère de scrupuleuse exactitude. M. Saint-Cheron méritait de trouver, dans le suffrage de M. Hurter, la récompense de ses consciencieux efforts.

Maintenant, si nous nous interrogeons pour bien nous rendre compte de l'impression et de l'image qu'a laissées dans notre esprit la figure d'Innocent III, nous voyons dans ce pape un homme politique du premier ordre, croyant sincèrement à la vérité du christianisme et aux droits divins de l'église, dont il est à la fois le serviteur et le chef, mais mettant dans la poursuite de ses desseins une raison très positive et une modération très habile. Quelquefois son langage est enthousiaste et sa parole violente, comme lorsqu'il s'écrie, à la nouvelle de l'expédition du fils de Philippe-Auguste en Angleterre : — *Glaive, glaive, sors du fourreau* ; mais presque toujours il montra dans sa conduite beaucoup de tact et une haute justice. S'il excommunie Othon, c'est après y avoir été provoqué, tant par les agressions de l'imprudent empereur que par le mécontentement d'une grande partie de la noblesse allemande, qui veut mettre sur le trône un Hohenstaufen. Il écrit aux évêques français qu'il n'a jamais songé à diminuer la juridiction et le pouvoir du roi Philippe-Auguste. » Bien loin, dit-il de vouloir attirer à moi la juridiction des autres, je ne suis pas en état de remplir convenablement la mienne ; *je ne m'ingère pas davantage dans les affaires des fiefs.* » Il fit tout pour empêcher la prise de Constantinople par les Latins ; l'évènement une fois accompli, il en tira profit pour l'unité catholique avec une grande intelligence et une incorruptible équité. Dans Grégoire VII perce toujours le moine ardent et fanatique ; il y a du grand seigneur dans Innocent III ; son pontificat est pour la papauté ce que fut le règne de Louis XIV pour la monarchie. Innocent éprouva des contrariétés, mais pas de véritable revers ; il mourut avant de se brouiller au vif avec le roi de France, au sujet des affaires anglaises, avant d'avoir à lutter contre l'empereur Frédéric, dont il avait protégé en Sicile la royale enfance. Son règne fut long, sans l'être trop, et reste dans l'histoire comme l'expression la plus complète des prospérités catholiques.

De grandes résistances se préparaient contre la papauté, et la lutte entre le sacerdoce et l'empire recommençait douze ans après la mort d'Innocent III. Frédéric II, qui avait reçu d'Honorius III la couronne impériale, pouvait donner à Rome par sa puissance de sérieuses inquiétudes ; car il était maître de l'Allemagne., de la Lombardie, du royaume de Naples et de la Sicile. Il avait promis à Innocent III de restituer au saint-siège les terres allodiales de Mathilde, et il tint sa promesse. Il céda à son fils aîné le royaume de Naples, qui ne devait jamais, suivant une stipulation expresse, être incorporé aux domaines de l'empire. Rome avait en outre exigé qu'il se croiserait, et il l'avait promis. Comme il différait, le pape le somma de tenir son serment. Alors Frédéric épousa la fille du roi de Jérusalem, et annonça de formidables préparatifs. Mais sur ces entrefaites une querelle s'éleva entre lui et Honorius au sujet de l'élection des évêques dans le royaume de Sicile. De leur côté, les villes lombardes renouvelèrent leur ligue, et s'engagèrent à défendre leur liberté ainsi que l'indépendance de la cour de Rome. Par un édit solennel, Frédéric les déclara ennemies de l'empire. Cependant le moment était venu où il devait exécuter la promesse souvent réitérée d'aller en Palestine, et il se préparait à partir, quand il tomba malade à Otrante. Le successeur d'Honorius, Grégoire IX, ne veut pas croire à sa maladie et l'excommunie. L'empereur adresse à toute l'Europe son apologie, et se plaint des usurpations du saint-siège ; il rappelle les violences de Rome, qu'il nomme une marâtre, source de tous les maux. Entre le sacerdoce et l'empire, la guerre n'a jamais été plus vive ; on se croirait au temps d'Hildebrand et d'Henri IV. Grégoire IX réitère son excommunication ; Frédéric la méprise et envoie des troupes ravager les états du pape : il y avait dans l'armée impériale un grand nombre de Sarrasins, sujets musulmans du roi de Sicile. Puis, par un singulier changement d'humeur, l'empereur excommunié a le plus vif désir de partir pour la Palestine. Les rôles sont changés, car le pape lui défend de s'embarquer. Nouveau motif pour Frédéric de presser son départ. Il arrive à Ptolémaïs : on l'accueille d'abord comme un libérateur ; mais deux Franciscains surviennent ; qui apprennent qu'il est excommunié. Frédéric se met à négocier avec le sultan d'Égypte Melik-Kamel ; les deux chefs voulaient la paix, et les deux armées, musulmane et chrétienne, la regardaient comme un sacrilège. Néanmoins elle est conclue, et Frédéric entre à Jérusalem au milieu d'un morne silence. Les prêtres avaient tendu de noir l'église du Saint-Sépulcre, et l'empereur fut obligé de se mettre lui-même sur la tête la couronne de Jérusalem. De retour à Ptolémaïs, il y séjourna peu de temps. Il revint en Europe, se moquant de la croisade, de la Palestine, de son nouveau royaume, et disant que, si Dieu avait connu le royaume de Naples, il n'aurait pas fait de la Judée la terre promise. Et cependant Frédéric était contemporain de saint Louis !

De nouvelles luttes à soutenir contre le pape et les Lombards l'attendaient en Italie. D'abord il triomphe facilement des troupes pontificales, et Grégoire lui répond en déliant tous ses sujets du serment de fidélité. On se rapproche, on fait la paix. Tous deux avaient leurs embarras intérieurs : le pape avait à se défendre contre les Romains, qui l'expulsèrent un moment de la ville pontificale ; Frédéric craignait une révolte de son fils Henri en Allemagne. D'ailleurs les Lombards le préoccupaient toujours ; il se plaignait d'eux amèrement, et surtout des Milanais. « L'Italie est mon héritage, » disait-il. Il attaqua Mantoue, Vérone, prit Vicence ; mais une révolte du duc d'Autriche le rappela en Allemagne. Bientôt un nouvel incident ralluma contre lui la colère de Grégoire IX ; Frédéric donna la couronne de Sardaigne à son fils naturel

Enzio. Le pape, exaspéré de cet accroissement de puissance dans la maison de Hohenstaufen, lança contre l'empereur une nouvelle excommunication plus explicite que jamais ; il le dénonça comme un impie, comme un mécréant. Frédéric écrivit pour se justifier aux rois et aux princes de l'Europe. « Rois et princes, leur mandait-il, regardez l'injure qui nous est faite comme la vôtre ; apportez de l'eau pour éteindre le feu allumé dans votre voisinage. Un pareil danger vous menace ; on croit pouvoir abaisser facilement les autres princes, si on écrase l'empereur, qui doit soutenir les premiers coups qu'on leur porte. » Grégoire publia un nouveau manifeste contre l'empereur : il le signala à la haine de la chrétienté comme ayant dit que le monde avait été trompé par trois imposteurs, Jésus-Christ, Moïse et Mahomet, et qu'il n'y a que les insensés qui croient que Dieu, créateur de tout, ait pu naître d'une vierge. Il le représentait aussi comme aspirant à la monarchie universelle par la connaissance des astres, qu'il avait puisée dans le commerce des Grecs et des Arabes. Frédéric riposta par une violente diatribe ; il traita le pape de grand dragon, d'antéchrist et de Balaam ; et, ne se bornant pas aux injures, il fit chasser de la Sicile tous les frères prêcheurs et tous les moines lombards. Le pape répandit dans toute la France sa bulle d'excommunication contre l'empereur ; il écrivit à saint Louis qu'il y avait plus de mérite à combattre Frédéric que les Sarrasins, et il offrit la couronne impériale au comte Robert, frère du roi. Cette proposition était faite à l'homme le plus juste de son siècle, qui demanda comment le pape pouvait déposer l'empereur ; saint Louis déclara que ce droit n'appartenait qu'à un concile général, en cas d'indignité flagrante ; c'était l'arrêt du bon sens et de la justice. Alors Grégoire voulut convoquer un concile ; mais Frédéric avec sa flotte de Sicile fit prisonniers tous les prélats qui s'étaient embarqués à Gènes pour se rendre à Rome. Cette singulière capture d'un concile en pleine mer égaya beaucoup le parti impérial ; mais l'empereur délivra bientôt les évêques sur la demande du roi de France. Un nouveau pape avait succédé à Grégoire IX, Innocent IV, jadis ami de Frédéric, et bientôt son adversaire acharné. Le nouveau pape, forcé de s'enfuir à Gênes par la guerre qu'il avait lui-même excitée contre l'empereur, sollicita un asile en France du roi saint Louis, qui le lui refusa ; il vint à Lyon, ville neutre, et y convoqua un concile général, après une excommunication préalable lancée contre Frédéric ; il la renouvela en pleine assemblée et le déclara dépossédé de toutes ses couronnes. Quand il apprit ce nouvel anathème, Frédéric se fit apporter ses cassettes, et mit sur sa tête ses couronnes les unes après les autres. Le pape reçut alors une leçon de justice et de sagesse d'un infidèle, car Melik-Salek, auquel il avait écrit pour l'engager à rompre son alliance avec Frédéric, lui répondit : « Nous avons reçu votre envoyé ; il nous a parlé au nom de Jésus-Christ, que nous connaissons mieux que vous et que nous honorons plus que vous ; il y a eu paix entre notre père et Frédéric ; elle est inviolable. »

Frédéric, pour rendre sa cause meilleure et condescendre à l'esprit de son siècle, voulut se purger de tout soupçon d'hérésie ; il se fit examiner par des théologiens et jura qu'il croyait au symbole de la foi catholique. Le pape condamna les examinateurs. En vain saint Louis exhortait innocent IV à la douceur ; ce prêtre fougueux ne voulait rien entendre ; à la même époque, il jetait un interdit sur le Portugal et irritait les Anglais. Frédéric était au moment de se rendre à Lyon pour plaider lui-même sa cause devant le concile, quand il apprit la révolte de la ville de Parme, excitée par les partisans du pape. Il voulut la réprimer à tout prix, il fit venir un corps de Sarrasins, il reçut des secours d'Eccelino ; mais son camp fut surpris, et il fut obligé de lever le siège et de retourner dans la Pouille. Vers le même temps, saint Louis partait pour la Terre-Sainte. Innocent IV, dont la haine ne pouvait se satisfaire, fulmina une nouvelle excommunication, et prêcha une croisade contre Frédéric. L'empereur tomba malade. On l'avertit d'un complot formé par son médecin et par son chancelier, Pierre des Vignes, pour l'empoisonner. Le docteur fut pendu ; Pierre des Vignes aveuglé et livré aux Pisans, qui le détestaient ; mais il prévint son supplice en se brisant le front contre une colonne. Abreuvé d'amertume, trahi par des amis qu'il avait cru fidèles, affaibli par la maladie, Frédéric dicta son testament ; quelques jours après, il mourut entre les bras de son fils Manfred, et l'on grava sur sa tombe cette épitaphe : « Si un sublime courage, si la réunion de tous les biens et de toutes les vertus, si l'éclat et la gloire de la race pouvaient triompher de la puissance de la mort, Frédéric ne reposerait pas ici dans ce tombeau qui l'enferme. » Voilà peut-être l'homme le plus extraordinaire du moyen-âge : empereur d'Allemagne, n'ayant rien d'allemand ; Italien, car il était né dans la marche d'Ancône, à Jesi, nourrissant un penchant qu'il ne pouvait maîtriser pour l'islamisme, se plaçant par la liberté de son esprit entre le Coran et l'Évangile, jugeant les religions dans un siècle de foi, mêlant l'enthousiasme à l'ironie ; poète, mais savant ; comprenant le grec, le latin, l'italien, le français, l'allemand et l'arabe ; ayant étudié la nature, passionné pour toutes les connaissances, il fonda l'université de Naples et protégea celle de Salerne ; il ordonna de traduire Aristote ; il fut pour la Sicile un législateur prudent et avisé il eut des passions vives, mais une raison capable de leur servir de contrepoids et de règle ; une grande âme et un génie dont l'originalité peut accepter sans crainte toutes les comparaisons. Avec lui descendirent dans la tombe la grandeur des Hohenstaufen et tout le poétique héroïsme de l'Allemagne du moyen-âge. Encore quelques moments, et pour les temps qui suivront, ces grandes luttes du XIIe et du XIIIe siècles ne seront plus que des souvenirs épiques bons à charmer les imaginations populaires.

Vingt ans après expirait un autre représentant du moyen-âge, bien différent de Frédéric, mais non moins glorieux, saint Louis. Ce roi exerçait sur l'Europe une autorité morale qui en faisait comme le grand justicier. Par son courage et par sa mort, il répandit en Orient le nom français : si les musulmans avaient vu dans

Richard d'Angleterre le type du guerrier chrétien, ils révéraient dans Louis de France le modèle du juste inspiré par l'Évangile. Avec lui s'éteignit la foi du moyen-âge dans toute sa grandeur et sa pureté ; depuis lui, l'Europe n'eut plus de ces grands mouvements qui la poussaient à la conquête ou à la défense de Jérusalem. En vain Grégoire X, dans un concile, prêche une nouvelle croisade ; personne ne bouge. Les chrétiens de Syrie semblent s'abandonner eux-mêmes, car ils s'engagent envers les infidèles à les avertir dans le cas où le pape et le roi de France voudraient tenter une croisade. Ptolémaïs était de plus en plus resserrée par le sultan du Caire. Cette ville avait dans ses murs comme une élite de représentants de la chrétienté et de l'Europe, qui semblaient vouloir oublier, au milieu des plaisirs, les dangers qui les menaçaient. La prise de Ptolémaïs par le sultan du Caire, à la fin du XIIIe siècle, ressemble bien peu à la gloire des chrétiens vers la fin des deux siècles précédents, et jusqu'ici rien n'a démenti cette parole d'un chroniqueur musulman, qui, après avoir dépeint l'entrée du sultan dans Ptolémaïs et la restauration du culte de Mahomet, ajoutait : *Les choses, s'il plaît à Dieu, resteront ainsi jusqu'au dernier jugement.*

L'Europe gravitait lentement à de nouvelles destinées ; toute l'économie du moyen-âge se décomposait d'une manière insensible, mais réelle. Après la mort de Frédéric II, l'empire fut la proie d'une anarchie qui dura vingt-deux ans, jusqu'à l'avènement de Rodolphe de Hapsbourg, avec lequel commence pour l'Allemagne une époque de travail intérieur, et, pour ainsi parler, de vie domestique. En Italie, les dénominations de Guelfes et de Gibelins perdaient peu à peu leur premier sens, et de nouveaux intérêts se formaient. Les différentes républiques de la Péninsule acquéraient de l'éclat et de l'autorité, Florence augmentait son territoire, sa population, ses finances, appuyant son organisation démocratique sur le commerce et l'industrie. Les Génois sont tout-puissants au moment où les Grecs rentrent dans Constantinople, et ils aident Paléologue à chasser les Vénitiens. La ville de saint Marc, qui prendra sa revanche contre Gênes à la fin du XIVe siècle, fortifie son institution aristocratique, et multiplie ses possessions maritimes. Les papes, dans la dernière moitié du XIIIe siècle, n'eurent d'abord qu'une pensée, l'extinction complète de la maison de Souabe. Urbain IV, Clément IV, Grégoire X, appelèrent dans ce dessein Charles d'Anjou au trône de Naples ; mais Nicolas III s'aperçut enfin que le prince français n'était pas moins contraire à la liberté de Rome et de l'Italie que la race des Hohenstaufen. Après Martin IV, créature et instrument de Charles d'Anjou, trois pontifes d'une affligeante médiocrité passèrent rapidement sur le trône papal jusqu'à ce qu'en 1298 vint s'y asseoir Boniface VIII, destiné à révéler par ses malheurs tout le changement qui s'était accompli dans les croyances de l'Europe.

Il y avait nécessairement pour les sociétés modernes un double travail qu'elles devaient accomplir ; elles devaient tirer d'elles-mêmes tout ce qui constituait leur propre fonds, et former leur caractère individuel ; elles devaient aussi retrouver la mémoire et la connaissance des temps et des peuples qui les avaient précédées. Au XIIIe siècle, ce double travail commençait pendant que l'unité catholique jetait sa plus vive et dernière splendeur. La science parvenait à une véritable puissance. De grands docteurs à chacun desquels l'admiration contemporaine avait décerné un surnom, associaient dans leur enseignement Aristote et saint Augustin, la pensée païenne et la croyance évangélique. Le mysticisme recevait aussi des formes didactiques et enseignait à l'homme comment Dieu lui avait accordé quatre modes d'illumination, quatre degrés pour monter jusqu'à lui. La nature commençait elle-même à être interrogée ; la poésie allait éclater, car vers 1298 furent jetés les premiers traits de la *Divine Comédie* ; la réalité tout entière tressaillait sous l'active liberté du génie humain ; la vie moderne s'épanouissait, grace à la transfusion de la pensée antique : fait nécessaire dont la fiction qui nous montre Virgile conduisant Dante est la poétique image.

C'est ainsi que sous la surface des institutions et des croyances qui, pendant trois siècles, avaient fait la force et la foi de l'Europe, s'agitait un esprit nouveau qui, dans son ignorance de lui-même, devait s'échapper par d'étranges violences et causer de douloureuses surprises. Certes, quand sur tous les points de la chrétienté on demanda leur épée aux chevaliers du Temple, ils crurent rêver, parce qu'ils ne s'étaient pas aperçus que tout avait changé autour d'eux. Les plus grands esprits ne se sauvèrent pas de ces pénibles étonnements : en 1310, Dante, se déclarant gibelin, salue avec enthousiasme l'arrivée de l'empereur Henri VII en Italie, comme si ce prince faible eût été Frédéric Barberousse ou Frédéric II ; mais les temps ne sont plus les mêmes, car Henri VII ne peut obtenir des Génois et des Florentins ni argent, ni obéissance, et meurt empoisonné près de Sienne. Enfin la plus grande des déceptions est celle du pape Boniface VIII, qui, à peine monté sur le trône papal, frappe à tort et à travers, exaspère le roi d'Angleterre, ne veut pas reconnaître l'élection de l'empereur Albert d'Autriche, demande compte au roi Philippe-le-Bel de la manière dont il gouverne ses états, et se déclare préposé par Dieu pour juger souverainement tous les hommes. On connaît ses disgrâces, nous dirions volontiers sa passion. Pauvre papauté ! foulée aux pieds après avoir été la maîtresse du monde, souffletée comme le Christ ! Qui ne la plaindrait, et qui ne jetterait sur ses épaules le manteau de la charité ? Mais cette tragique infortune n'est pas le plus grand de ses malheurs un siècle après Innocent III, elle perd le Capitole, et se trouve réduite, dans Avignon, aux proportions, aux misères et aux ridicules d'une cour de petit prince.

Mais la gloire de la papauté durant le moyen-âge est assez grande pour la consoler des revers qui vinrent après, et même de l'impuissance à laquelle la réduit l'esprit de notre siècle. Rome catholique a eu l'insigne mérite de concevoir et d'appliquer la théorie du pouvoir et du droit émanant de l'intelligence, et l'Europe, dans ses résistances contre l'autorité pontificale, n'a jamais au fond nié cette théorie ; c'est, au contraire, parce que l'intelligence passait progressivement de la religion dans la politique et la science, que, par un invincible instinct, les princes et les peuples s'insurgèrent contre la théocratie romaine. On ne contestait pas la vérité de la théorie, mais on en changeait l'application. Rome, en outre, a donné à l'Europe la conscience d'elle-même ; au nom du christianisme, elle l'a faite une et solidaire ; elle a servi de lien entre les peuples, de lieu d'asile pour tous les opprimés, de quelque part qu'ils vinssent, pourvu que le nom du Christ sortît de leur bouche ; elle s'est montrée vraiment catholique, car elle a enseigné aux nations qu'il y avait pour elles des intérêts généraux et communs. De plus, elle a été pour l'Europe une grande école politique, et la première en date. Elle a offert le premier modèle d'un pouvoir général, exemple dont ont profité en Allemagne l'empire, en France la royauté. Elle a présenté une succession d'hommes d'état, une persévérance dans les conseils, dans les maximes et dans les vues, qui ont provoqué chez ceux qui devaient la combattre l'esprit politique et l'art de conduire les hommes et les affaires ; elle instruisait ses vainqueurs à venir ; elle a donc élevé les esprits et les questions, soulevé de grandes luttes, des passions énergiques, fait monter l'ambition jusqu'à l'héroïsme, jusqu'au martyre, et donné à l'Europe moderne le premier spectacle de la puissance des idées à remuer le monde.

Que reste-t-il aujourd'hui de tant de travaux, de mouvements et de combats ? Le prêtre dans son indépendance, l'orthodoxie catholique avec sa rigide immobilité ; une grande majesté de traditions, un culte pompeux et poétique, un centre commun pour toutes les églises qui n'ont pas brisé au XVIe siècle les liens de l'antique hiérarchie. Assurément, ces résultats sont notables et salutaires, et cependant on serait tenté de les trouver petits, si on les compare aux desseins et aux désirs de Grégoire VII et d'Innocent III. Il y a deux parts dans l'histoire humaine, celle de Dieu, celle de l'homme ; celle de la raison générale par laquelle est décrété l'ordre universel, celle de la volonté particulière qui fait un mélange dramatique des vues de l'intelligence et des mouvements des passions. La comédie est donc *divine* par le nœud et par l'idée, mais elle est pleine de détails, d'incidents, d'intrigues, d'aventures, qui égaient ou ensanglantent la scène sans pouvoir s'élever à la vérité des résultats nécessaires.

Chapitre 3
La papauté depuis Luther

Depuis Grégoire Ier jusqu'à Grégoire VII, c'est-à-dire, pendant quatre siècles et demi, la papauté jette les fondements de sa puissance politique, tant en Italie que sur les autres pays ; elle rencontre des fortunes diverses, d'éclatantes prospérités et des revers douloureux ; tour à tour ses représentants la servent par leurs talents et leurs vertus, ou sont au moment de la perdre par la folie de leurs déportements. Les grands pouvoirs politiques l'exaltent, puis l'oppriment. Les Francs et Charlemagne la glorifient. Les Allemands et les Othon l'enchaînent, et quelquefois l'avilissent. Toutefois, dans ce conflit, elle dure et persévère ; elle résiste même à ses fautes, à ses excès il semblerait que les extravagances dont les Romains furent les témoins et les acteurs au Xe siècle, dussent lui causer un dommage irréparable : au contraire, elles provoquèrent, au sein du clergé catholique, la réaction intérieure dont sortit Hildebrand.

Grégoire VII et Innocent III sont comme deux anges exterminateurs, placés, l'un au commencement, l'autre à la fin de la grandeur pontificale. C'est entre ces deux papes, depuis la dernière moitié du XIe siècle, jusqu'au premier quart du XIIIe, que s'est affirmée sans restrictions comme sans voiles la puissance de l'église. Grégoire VII élève le prêtre à la sainteté du célibat, il purge l'église de la corruption pécuniaire, appelée *simonie* ; il lui rend la liberté de ses élections, en ôtant aux empereurs l'investiture par l'anneau et la crosse ; et il proclame l'église, ainsi régénérée, supérieure à tous les états, Empire, royaumes, principautés. Innocent III, un siècle après, reprend l'œuvre d'Hildebrand avec une passion sinon plus profonde, du moins plus bruyante il est plus jeune, il règne plus long-temps. Il excommunie tour à tour les rois d'Angleterre et de France ; puis, quand il a rendu la Grande-Bretagne à Jean-sans-Terre, il l'appelle un royaume sacerdotal ; par ses conseils il organise l'empire latin que la victoire des Français et des Vénitiens établissait à Constantinople, il se met en rapport avec la Norvège, le Danemark et la Suède, il affermit le courage des chrétiens d'Orient, et leur envoie des défenseurs ; il noie dans le sang le Languedoc et l'hérésie albigeoise, et il donne pour principe à toutes ses entreprises cette maxime : que le pape, en vertu de la plénitude de sa puissance, peut dispenser du droit même.

Il faut commencer à descendre, et depuis Innocent III jusqu'à Boniface VIII, la décadence est réelle, quoiqu'elle ait encore de grands airs de majesté. Grégoire IX excommunie quatre fois Frédéric II, mais ces coups répétés n'ont plus la même puissance. Saint Louis montre un cœur plus chrétien qu'Innocent IV, et ce roi est pour les hommes un plus grand sujet d'édification que le pape lui-même. La première année du XIVe siècle, Boniface VIII, célébrant le premier jubilé, bénit le monde du haut du Capitole, au milieu de la foule agenouillée et de pèlerins venus à Rome des quatre coins de la terre ; cinq ans après il mourait dans la rage et le désespoir, sous les outrages prémédités du roi de France, et un contemporain dit sur lui cette parole, qu'après s'être glissé comme un renard sur le trône pontifical, et avoir régné comme un lion, il était mort comme un chien.

Une autre période s'ouvre, depuis la mort de Boniface VIII jusqu'au concile de Trente, deux siècles et demi, pendant lesquels l'Europe manifeste, à l'égard de la papauté, des sentiments tout-à-fait contraires à ceux qui, jusqu'alors, l'avaient animée. Désormais on voit les princes et les peuples, au lieu d'adhérer à l'autorité de Rome, la nier avec fureur ; ce n'est plus cette sympathie générale qui, de toutes parts, poussait des élans vers le pape : c'est un esprit d'indépendance, de séparation et de schisme ; on veut vivre chez soi et par soi ; la vie politique se fait individuelle et locale ; l'autorité générale de la papauté paraît ou insuffisante ou funeste : on la dédaigne ou on la hait. D'ailleurs les papes se détruisent eux-mêmes ; après avoir perdu pendant soixante-douze ans le séjour de Rome, ils se dégradent en se multipliant. La chrétienté n'aperçoit plus sur le saint siège un seul homme, mais deux ; et l'institution, dont l'unité faisait la force, présente deux têtes au monde, qui désormais voudra chercher ailleurs son point d'appui moral. L'église elle-même témoigne qu'elle ne met plus sa confiance dans la forme monarchique, car elle en appelle à l'autorité démocratique des conciles qu'elle élève au-dessus du pouvoir des papes. Cinquante ans après le concile de Florence et la fin du schisme, Luther paraissait.

Depuis le concile de Trente jusqu'à nos jours, c'est-à-dire depuis bientôt trois siècles, la papauté fournit une carrière laborieuse ; elle a perdu tout pouvoir sur une moitié de l'Europe, et même les sociétés politiques qui la reconnaissent encore, l'ont contrainte à rabattre beaucoup de ses prétentions. Elle se défend ; elle ne conquiert plus ; l'esprit du siècle la domine sans songer à l'opprimer ; on ne la combat plus, on l'oublie.

L'histoire complète de la papauté sera donc un magnifique monument dont l'architecte n'aura pas moins que les annales humaines à dérouler depuis la destruction du polythéisme. Mais le temps n'est pas encore venu : on peut comprendre la papauté dans son esprit, mais il n'est pas encore possible de savoir tous les secrets de sa vie, de sa politique ; les archives du Vatican sont avares et bien scellées. Peut-être aussi vaut-il mieux laisser expirer ce qui reste de passions catholiques et protestantes, et léguer à l'avenir le soin tant d'une peinture achevée que d'un jugement souverain.

Cependant la curiosité historique s'est déclarée dans notre siècle ; impatiente, elle s'est mise à l'œuvre ; elle a reconstruit la biographie de quelques grands papes, préparant ainsi de précieux matériaux à ceux qui viendront après nous. Grégoire VII a trouvé dans M. Voigt, professeur à l'université de Halle, un narrateur érudit et impartial de ses entreprises et de ses pensées. M. Frédéric Hurter a écrit l'histoire d'Innocent III et de ses contemporains avec une savante justice. Il ne serait pas équitable d'oublier les indications et les documents dus à M. Raumer dans son histoire des Hohenstaufen ; enfin M. Léopold Ranke, professeur à l'université de Berlin, écrivant une histoire générale des *Princes et des Peuples de l'Europe méridionale au seizième et au dix-septième siècle*, a traité avec un soin particulier l'histoire de la papauté pendant cette époque. Ainsi c'est l'Allemagne protestante qui fait de la première des institutions catholiques l'objet de ses études les plus approfondies et les plus impartiales. Pour la papauté, le protestantisme germanique n'a plus ni crainte ni haine, mais de l'équité. Même il aurait plutôt pour elle je ne sais quelle affection et quel enthousiasme d'artiste ; il l'admire comme une toile de Raphaël ; c'est à ses yeux une grandeur éteinte qui a droit, à une suprême justice : on sent que les historiens de l'Allemagne jugent les papes comme les prêtres d'Égypte jugeaient les rois, après leur mort.

Le livre de M. Ranke, qui expose l'histoire de la papauté pendant les XVIe et XVIIe siècles, n'est pas complet pour l'époque qu'il embrasse : l'introduction est superficielle ; pour le fond même du sujet, des points essentiels sont omis ; la France n'a pas reçu de l'historien une attention suffisante ; la dernière moitié du XVIIe siècle est traitée trop rapidement. Mais l'ouvrage du professeur de Berlin trouve son originalité dans la mise en œuvre de matériaux jusqu'alors inconnus, et dans une succession de points de vue ingénieux et justes. M. Ranke, après avoir découvert à Vienne des renseignemens nouveaux sur les pontificats de Grégoire XIII et de Sixte-Quint, a exploré la bibliothèque de Saint-Marc, à Venise, et toutes les bibliothèques d'Italie qui ont voulu s'ouvrir : il a dû s'arrêter au pied du Vatican. Ces provisions faites, il a su vraiment écrire un livre, où les faits et les aperçus, les récits et les considérations, s'enchaînent avec une industrieuse convenance. L'esprit de M. Ranke est pénétrant et lucide : il s'applique volontiers aux évènements et aux phases les plus modernes de l'histoire européenne ; nous avons pu apprécier à Berlin la finesse de son tact historique. Dans sa conversation, on reconnaît un homme qui a étudié à fond les intérêts et les problèmes politiques de notre époque ; il a eu l'insigne fortune, pour un historien, de relations suivies avec le prince de Metternich, et il y a dans sa manière historique quelque chose de l'aplomb d'un homme rompu aux affaires. Le livre de M. Ranke a donc une réelle importance pour l'intelligence de la papauté et du catholicisme depuis trois siècles rapport impartial et lumineux sur des points essentiels, il peut servir de base à une appréciation raisonnée des intérêts religieux de l'Europe depuis Luther.

Rien n'est plus utile que d'étudier combien une grande puissance met de temps à descendre de son apogée, quelles résistances, quelles ressources elle oppose à ses adversaires, comment elle vit sur la défensive après avoir été maîtresse des choses humaines. Mais cet examen est délicat et difficile. Les hautes prospérités ont des saillies grossières qui ne sauraient échapper à l'œil, tandis que les moments de l'histoire où les causes et les chances se balancent encore, ont des détails, des secrets et des nuances qui peuvent se dérober longtemps même à une attention sincère. Quand Luther s'éleva contre l'église, le catholicisme avait perdu la confiance absolue de la société chrétienne et l'intelligence souveraine qui lui avait donné la force de la conduire ; s'il en eût été autrement, Luther n'aurait pu ni paraître, ni réussir. Mais ce fait, si considérable et si clair qu'il fût, ne pouvait suffire à trancher toutes les difficultés, pas plus qu'il ne suffit aujourd'hui à expliquer tous les évènements. Le catholicisme, même à l'instant où il était nié avec audace et puissance ; conservait une autorité qu'il ne devait pas perdre de si tôt. Les grandes forces mettent à s'éteindre autant de temps qu'elles en ont pris pour se former. C'est donc un curieux fragment de l'histoire de la papauté que le XVIe et le XVIIe siècle, où le catholicisme déploie toutes ses ressources pour se maintenir, résister et se venger il n'y a pas là l'unité des temps de Grégoire VII et d'Innocent III ; mais on y trouve les variétés, les oppositions de la vie et de la nature humaine. On peut convier à ce spectacle ceux qui s'imaginent que les grandes causes peuvent triompher ou périr tout-à-fait en quelques années, au gré de l'impatience et de l'égoïsme de quelques hommes et même de quelques générations.

Un fait honorable pour le catholicisme, et qu'il est juste de mettre d'abord en lumière, est la réaction intérieure qui, au commencement du XVIe siècle, ramenait en Italie beaucoup d'hommes éminents à la spiritualité religieuse. L'excès de la liberté provoqua ce retour, car à Rome, sous Léon X, il était de bon ton de combattre les principes du christianisme. « On ne passait pas, dit P. Ant. Bandino, pour un galant homme, si l'on ne manifestait pas des opinions erronées ou hérétiques sur la religion. » On se moquait de l'Écriture et des mystères. Tant d'insultes ranimèrent dans Rome même l'esprit chrétien. Des hommes de distinction, dont plusieurs furent cardinaux plus tard, fondèrent à Trastevere un oratoire de l'amour divin, où ils se livraient à des exercices spirituels. Venise fut quelque temps le refuge de Romains et de patriotes florentins qui s'occupèrent, avec une piété sérieuse, de problèmes religieux, et notamment de la doctrine de la justification, ce grand objet des pensées de Luther. Savonarola n'est il pas aussi un éclatant indice des désirs de rénovation qui fermentaient au sein du catholicisme italien ? Naples, Modène, virent publier un livre intitulé *du Bienfait du Christ*, où la justification était attribuée exclusivement à la grâce. Enfin il y eut un moment où plusieurs catholiques romains crurent qu'une réconciliation était possible avec les protestants, tant en adoptant leurs sentiments sur la justification qu'en régénérant la discipline par la réforme des abus. Desseins respectables, mais inutiles. Il vient une heure, dans la durée des grandes institutions, où il leur est interdit de se régénérer elles-mêmes ; elles le veulent en vain dans leur repentir et leur effroi. Le remède doit leur venir d'ailleurs. Une autre puissance s'est levée, chargée de les frapper et de les changer violemment : c'est seulement après avoir subi, ce châtiment et cette révolution, qu'elles peuvent espérer une nouvelle existence, et encore à la charge de la combiner avec la marche de l'humanité.

Mais les contemporains d'un grand mouvement ne sauraient le juger comme ceux qui viennent après, et leurs passions les poussent naturellement à ne rien négliger pour la défense de leur cause. Cette ardente volonté est la vie de l'histoire. Provoquée par l'Allemagne qui voulait abolir le monachisme, l'Italie cherchait à le rajeunir, et aussi à introduire la réforme dans le clergé séculier. Mais le catholicisme, dans ses adversités, devait recevoir son plus puissant secours d'un établissement nouveau dont les fondateurs se disaient, par excellence, les hommes de Jésus-Christ, les jésuites.

Les pages que M. Ranke a consacrées à Ignace de Loyola, peuvent être citées parmi les plus piquantes de son livre ; il est impossible de mieux faire comprendre comment, chez don Inigo Lopez de Recalde, le plus jeune fils de la maison espagnole de Loyola, la plus haute spiritualité religieuse se mêla d'une manière indissoluble aux formes chevaleresques. Quand le jeune Inigo, après avoir paru à la cour de Ferdinand-le-Catholique et à celle du duc de Najara, eut été atteint d'une blessure aux deux jambes, à la défense de Pampelune contre les Français, en 1521, il charma les ennuis d'une longue guérison par des romans de chevalerie, puis par l'histoire de quelques saints, enfin par la vie du Seigneur. Alors, dans sa tête, les formes de la guerre et les devoirs de la sainteté se confondirent. Pour lui, le bien et le mal étaient deux armées : l'une était campée près de Jérusalem et avait

Jésus-Christ pour général ; l'autre n'était pas loin de Babylone et se déployait sous les ordres de Satan. Inigo ira donc s'enrôler sous les ordres de Dieu à Jérusalem, mais auparavant il fera devant l'image de la Vierge la veille des armes, parce qu'il veut imiter Amadis de Gaule.

Inigo ne se trompait pas : l'église avait besoin d'un chevalier. Elle rencontra, dans le soldat blessé à Pampelune, une âme ardente, une foi extatique, un dévouement qui prit l'allure de l'héroïsme et de l'obéissance militaire. M. Ranke a esquissé un rapprochement ingénieux entre Loyola et Luther. Il montre Luther devant ses doctrines à l'étude des Écritures ; Loyola, au contraire, puisant ses inspirations dans une vie tout intuitive et dans des émotions personnelles. L'historien aurait pu pousser plus loin, et reconnaître, dans cette opposition, la cause de la fécondité de la réforme et de la stérilité du jésuitisme. Luther interrogeant les Écritures et cherchant la vérité dans leur libre et respectueuse interprétation, était d'accord avec les dispositions de l'esprit humain, qui commençait à se partager entre la science et la foi ; il y avait dans son âme quelque chose de puissant et de générateur qui préparait aussi les développements des autres siècles. Mais les extases et les hallucinations de Loyola ne le conduisirent qu'à une défense fanatique du culte catholique ; les papes et la religion romaine durent à son entreprise un secours immédiat qui leur fut utile, mais ils n'en reçurent aucun principe de force et de régénération.

L'établissement des jésuites fut moins une institution et un système qu'un expédient et un parti pris. Loyola lève une véritable armée spirituelle, composée d'hommes d'élite, façonnés pour travailler à un but qu'il ne s'agit ni de discuter, ni de modifier. L'obéissance sera donc considérée comme la première de toutes les vertus, parce qu'elle est estimée le plus puissant des mobiles ; elle prendra la place de toutes les relations humaines dans la *société* nouvelle ; elle sera pratiquée d'une manière absolue, sans aucun égard à l'objet auquel elle s'applique. Pour le jésuite, il n'y aura plus de famille, plus de secrets, plus d'amitiés ; une confession générale livre à ses supérieurs la connaissance de ses faiblesses, de ses défauts, de ses plus intimes pensées ; la *société* veut posséder l'homme tout entier, parce qu'elle se servira de tous ses penchants, de ses vices comme de ses vertus.

Rencontre bizarre ! Ce plan machiavélique avait été conçu par l'homme le plus sincère dans les mystiques ardeurs de sa piété. Le fanatisme extrême peut aboutir à des résultats non moins immoraux que ceux de la rouerie la plus raffinée. Comme il fait d'un but unique son idole, son dieu, il lui sacrifie tout, sans examen comme sans scrupule ; il croit anoblir et purifier tout ce qu'il lui consacre, *la fin justifie les moyens*, et il se trouve que ceux qui ne croient qu'à une chose agissent absolument comme ceux qui ne croient à rien.

Au moment où la milice de Loyola commençait à s'organiser, le concile de Trente s'ouvrait. Ici encore nous voyons les développements intellectuels avorter pour faire place à la défense exclusive des intérêts positifs. On put croire dans les premières séances que les profondeurs de la spiritualité seraient traitées avec impartialité ; mais bientôt il devint évident que toute opinion inclinant au système protestant était, par là même, l'objet d'une réprobation préméditée. Quand le dogme de la révélation eut été posé, ainsi que ce devait être, comme un principe sacré, on parla des sources dans lesquelles il faut en puiser la connaissance, et plusieurs voix s'élevèrent pour dire que, dans l'Evangile, se trouvait toute vérité, toute voie pour mener au salut ; mais une grande majorité condamna ces paroles. On décida que la tradition non écrite, reçue de la bouche du Christ, propagée par les apôtres, sous la protection du Saint-Esprit, jusque dans ces derniers temps, devait être l'objet d'une aussi grande vénération que l'Ecriture sainte elle-même.

Dès que l'autorité de la tradition était égalée à l'autorité de l'Écriture, le concile témoignait assez qu'il ne s'était pas rassemblé pour travailler à la révision impartiale des opinions catholiques, mais à leur confirmation solennelle. Dès-lors non-seulement toute tendance protestante, mais toute tentative de conciliation fut sévèrement écartée des décisions du concile. La justification par les actes eut le pas sur la grâce ; de plus elle fut déclarée ne pouvoir opérer que par les sacrements, qui impliquaient à leur tour toute l'autorité de l'église visible.

Dans le concile de Trente, le protestantisme ne fut pas discuté, mais repoussé. Au IVe siècle, l'église avait plus de foi dans les débats de l'intelligence, quand, à Nicée, elle ne condamnait qu'après de longues discussions les opinions d'Arius. Il arriva aussi que, dans le concile du XVIe siècle, les décrets furent rédigés avec assez d'ambiguïté pour que des théologiens comme Dominique Soto et Catharin, qui professaient sur les sujets les plus importants des sentiments contraires, pussent tous les deux s'autoriser des décisions de l'assemblée. A ce propos Sarpi fait cette remarque : « On peut juger par là combien peu l'on doit espérer de savoir à présent la pensée du concile, puisque ceux qui en étaient les chefs et ceux qui y avaient assisté ne s'accordaient pas eux-mêmes »

Le désir, fort louable sans doute, qui animait M. Ranke, historien protestant, de se parer, envers les catholiques, de la plus haute impartialité, lui a trop dissimulé la profonde faiblesse du concile sous le rapport dogmatique. Le concile de Trente ne s'est pas considéré comme le représentant de la chrétienté tout entière, mais plutôt comme une assemblée politique appelée à la défense d'intérêts attaqués. En revanche, M. Ranke a su apprécier avec beaucoup de sagacité la seconde période du concile, pendant les conférences de Morone et de l'empereur, dans l'été et l'automne de 1563. Il montre fort bien l'église catholique traçant elle-même les limites dans lesquelles elle voulait se renfermer, ne conservant plus de ménagements pour les Grecs et pour l'église d'Orient, et lançant sur le protestantisme d'innombrables anathèmes.

Par son dernier acte, le concile déclarait que, de quelques paroles ou de quelques clauses qu'il se fût servi dans les décrets de réformation et de discipline ecclésiastique faits sous Paul III, sous Jules III et sous Pie IV, il entendait toujours que ce fût sans préjudice de l'autorité du saint-siége. Voilà quel était, pour la papauté, le plus grand intérêt ; elle le tenait pour supérieur même au dogme. Ainsi le pape conservait le droit exclusif d'interpréter tous les canons du concile de Trente ; il restait seul maître, seul dispensateur des règles de la foi et de la vie, et sa puissance, qui perdait en étendue, gagnait en concentration.

L'institution des jésuites et le concile de Trente furent, pour ainsi dire, d'habiles déclinatoires opposés à l'esprit humain ; on esquivait la discussion des idées pour se jeter dans la défense des intérêts, et pour sauver le présent, on ruinait l'avenir. Ne trouvons-nous pas une nouvelle preuve de l'effroi qu'inspiraient aux papes les questions et les débats soulevés par le XVIe siècle, dans l'établissement d'une nouvelle inquisition à laquelle Loyola prêta son appui ? La terreur régna sur toute l'Italie ; la haine des partis vint au secours des inquisiteurs. « A peine s'il est possible, s'écriait un proscrit, d'être chrétien et de mourir dans son lit. » Toute la littérature fut soumise à la surveillance la plus sévère. Rome ne s'épargna aucune violence pour extirper de l'Italie les opinions hétérodoxes ; elle eut ses auto-da-fé ; Venise eut ses noyades. Les villes de l'Allemagne et de l'Italie étaient remplies de malheureux qui fuyaient les fureurs des émules du saint-office espagnol.

Mais l'histoire même des papes nous fera voir de plus en plus toute spiritualité s'effaçant sous les intérêts politiques. A dater du XVIe siècle, le chrétien paraît peu chez ceux qui s'appellent les successeurs de saint Pierre ; le prêtre se confond avec le prince temporel et l'homme d'état. De grandes affaires, des talents non moins déliés que les intrigues où ils se mêlent, des lutteurs habiles qui veulent triompher de l'ingratitude de situations difficiles, le succès considéré comme moralité suprême, des hommes d'esprit ; des prêtres mondains, quelques-uns qui, d'intervalle en intervalle, reproduisent l'exemple et l'édification de la vertu chrétienne, tel est le spectacle attachant et compliqué que nous offre l'histoire des pontifes dont Léon X ouvre la série avec un aimable et brillant abandon.

Successeur de Jules II, qui ne connut pas Luther, et qui n'eut d'autre pensée que d'assurer à l'église un état temporel considérable, Léon X géra les affaires avec une facilité qui ne fut pas dépourvue de vigueur. Il avait trouvé, disait-il, le pontificat craint et respecté, il ne voulait pas le laisser déchoir entre ses mains. Il ne fut pas moins préoccupé de la reprise du Milanais que de l'hérésie naissante de Luther. Puis n'avait-il pas à lire les vers de l'Arioste, la prose de Machiavel ? Ne devait-il pas se promener dans les galeries que décorait pour lui Raphaël d'Urbino ? La musique le charmait aussi. C'est un excellent homme, disait un ambassadeur, *buona persona* ; il aime les savants, il est religieux, mais il aime à vivre, *ma vuole vivere*. Léon X ne permettait pas aux affaires de le troubler ; il les comprenait dans leur ensemble, et ne se perdait pas dans les détails ; il eut l'insigne fortune de goûter quelques années de la vie la plus riante au commencement du XVIe siècle, qui devait être si orageux, et cet heureux viveur mourut à propos.

Un professeur de Louvain, Adrien d'Utrecht, reconnut franchement, après Léon X, les excès commis au sein du catholicisme. « La corruption, disait-il, s'est répandue de la tête aux membres, du pape aux prélats ; nous avons tous dévié ; il n'y en a aucun qui ait fait du bien, pas même un seul. » Mais il se trouvait comme étranger dans Rome ; les Italiens ne pouvaient s'accommoder de ce Néerlandais, qui ne régna guère qu'un an.

Jules de Médicis, qui porta le nom de Clément VII, prit la résolution hardie de se déclarer l'adversaire des Espagnols, qui avaient rétabli sa famille à Florence, mais dont la domination sur l'Italie l'offusquait. Il ne réussit qu'à provoquer le sac de Rome et à se faire assiéger lui-même dans le château Saint-Ange. Pour échapper au joug impérial, il se lia plus tard avec François Ier, qui, au même moment, prêtait son appui aux protestants d'Allemagne. Henri VIII prononça à la même époque la séparation définitive de l'Angleterre d'avec l'église romaine ; les tribulations de Clément VII semblent servir d'opposition aux prospérités de Léon X.

Paul III fut à Rome un pape populaire. On aimait la magnificence de ce Farnèse. De grandes ressources dans l'esprit, une patience inaltérable pour attendre l'accomplissement de ses désirs, une confiance superstitieuse dans l'astrologie, sont les principaux traits de son caractère. Quant à sa politique, il ne désira jamais que l'Allemagne protestante fût entièrement vaincue. Il fait des vœux pour l'électeur Jean-Frédéric contre Charles-Quint ; il exhorte François Ier à ne pas abandonner la cause de la réforme allemande, tant il redoute la prépondérance impériale ! Il se montre partisan enthousiaste de l'alliance française ; il médite une coalition entre la France, la Suisse et Venise. Cette politique ne démontre-t-elle pas que la cause de la spiritualité catholique n'absorbait pas la pensée des papes ?

Après Jules III, qui tenait au contraire le parti de l'empereur, et qui se hâta d'abandonner le soin des affaires pour une vie de plaisir ; après Marcel II, qui mourut le vingt-deuxième jour de son pontificat, Paul IV se montra, à soixante-dix-neuf ans, ardent pour la réforme de l'église et contre la domination espagnole. Il invoqua contre le roi catholique non-seulement les protestants, mais Soliman Ier ; il échoua, et fut contraint, par l'épée du duc d'Albe, d'appeler Philippe II son ami. Malheureux dans ses desseins politiques, Paul IV revint à la pensée de la réforme de l'église ; il favorisa l'inquisition. Le fanatisme de ce vieillard souleva contre lui la population romaine, qui traîna sa statue dans le Tibre.

Son successeur, Pie IV, est au contraire plein de douceur et de bonté. Simple dans ses mœurs, enjoué dans ses propos, il désire surtout la paix ; il ne veut pas de guerre contre les protestants. Il paraît convaincu que le pouvoir des papes ne peut se maintenir sans le concours et l'autorité des princes. Voilà du bon sens et de la bonhomie.

Le parti qui, dans le sacré collège et dans Rome, s'attachait à une discipline rigoureuse, nomma un pape plus austère et plus dur, Pie V. L'inquisition reprit alors une activité nouvelle, et promena ses rigueurs sur les savants et les lettrés. Les sentences criminelles ne furent jamais adoucies. Pie V acquit une grande autorité sur l'Espagne et le Portugal ; il réunit les Vénitiens et les Espagnols contre les Turcs, et fit rejaillir sur la papauté la gloire de Lépante. Il approuva toutes les violences du duc d'Albe ; il songea à une expédition contre l'hérétique Angleterre. Il y avait dans ce pape quelque chose du saint, beaucoup de l'inquisiteur, un peu de l'homme d'état.

Les jésuites s'emparèrent rapidement de l'esprit de Grégoire XIII, et l'engagèrent à rivaliser d'édification avec Pie V. Son administration releva les ressources financières de l'état romain. Il portait aux protestants une haine active ; il approuva la Saint-Barthélemy et le plan de la ligue ; il fomenta les révoltes de l'Irlande contre Élisabeth, mais il ne put se défendre lui-même contre les bandits qui infestaient Rome.

C'était le pâtre de Montalte qui devait exterminer les brigands romains. On connaît la fortune de Sixte-Quint. Son premier mot, le jour de son couronnement, fut celui-ci : *Tant que je vivrai, tout criminel subira la peine capitale*. Il tint parole et ne fit grâce à personne : il fonda sa puissance par une terreur salutaire. En cinq ans, ce grand homme sut conquérir une place à côté des plus illustres papes, de Grégoire VII et d'Innocent III. Il gouverna l'état romain avec une habileté qui lui a fait attribuer tout ce que l'administration papale pouvait avoir d'heureux et de régulier, depuis le commencement du XVIe siècle. Il acheva l'organisation des congrégations de cardinaux ; il favorisa l'agriculture, l'industrie ; il eut l'idée persévérante de rendre la papauté très riche, et de lui amasser des trésors pour les temps difficiles ; on le vit emprunter et thésauriser à la fois. Rival des anciens Césars, il amena dans Rome, par de grands aqueducs, l'eau dont la ville avait besoin ; politiquement chrétien, il expulsa du Capitole les statues antiques ; uniquement préoccupé des affaires, il n'aimait pas les champs et la nature, et disait que sa *distraction était de voir beaucoup de toits*. Il roula dans sa tête les projets les plus gigantesques, il noua des intelligences en Orient, avec la Perse, avec quelques chefs arabes, avec les Druses : il songeait à la conquête de l'Égypte, à la jonction de la mer Rouge avec la Méditerranée, à la délivrance du saint sépulcre ; enfin ce prêtre aimait la gloire. Mais, à côté de ces élans, la raison pratique ne défaillait pas. Après avoir excommunié Henri IV, Sixte-Quint songeait presque à le reconnaître, en dépit des protestations espagnoles : il entrevoyait une politique dont la mort lui envia la glorieuse nouveauté. Sixte-Quint ferma le XVIe siècle, qu'avait commencé Jules II. Il fut comme lui un grand pape temporel ; entre Élisabeth et Henri IV, il maintint l'honneur de la politique romaine.

Dans les dix dernières années du XVIe siècle, plusieurs papes se succédèrent avec une singulière rapidité. Urbain VII ne régna que douze jours ; Grégoire XIV ne passa que dix mois sur le trône pontifical, et Innocent IX seulement huit semaines. Si Grégoire XIV eût gardé le pouvoir plus long-temps, il eût pu ébranler l'Europe représentant passionné du parti ligueur espagnol, il écrivit aux Parisiens pour les confirmer dans leur révolte, il renouvela l'excommunication d'Henri IV, et il fit passer aux ligueurs un secours mensuel de 15,000 scudi ; c'était l'argent de Sixte-Quint.

Clément VIII, le dernier des papes du XVIe siècle, inclinait à la politique que l'illustré Montalte se préparait à embrasser quand il mourut ; il ne répugnait pas à absoudre Henri IV, mais il ne pouvait offenser brusquement les Espagnols ; il craignait d'ailleurs d'être trompé, et redoutait un retour au protestantisme de la part du roi de France ; enfin il s'enhardit et prononça la suprême absolution. Henri IV témoigna sa reconnaissance au pape en l'aidant à confisquer le duché de Ferrare.

Le XVIIe siècle voit décroître l'individualité des papes, et le pontificat, dans les progrès de sa décadence, n'a plus même à nous offrir, pour dédommagement, la grandeur personnelle de ses élus. Paul V régna comme un docteur en droit canon, à l'esprit étroit et obstiné. Il eut l'imprudence de provoquer de la part de Venise l'explosion de tout ce que cette république avait pour Rome de dédain et d'antipathie ; les jésuites furent bannis de la ville et des états de saint Marc, et l'orgueil pontifical fut heureux de s'abriter sous la médiation d'Henri IV. Grégoire XV établit la propagande et canonise Ignace et Xavier. C'est un des papes que les intérêts spirituels du catholicisme ont le plus animé. Missions et conversions l'occupèrent. Urbain VIII, au contraire, n'eut que de l'ambition politique ; il dut subir l'ascendant du cardinal de Richelieu, qui se servait de la papauté sans vouloir la servir ; il fut presque l'allié de Gustave-Adolphe, qui abattait la puissance autrichienne ; et il ne fallut rien moins que l'entrée des Suédois à Munich, pour le ramener à la cause de l'empereur et du catholicisme. La cour d'Innocent X offrit les mêmes scènes que le palais des empereurs à Byzance, favoritisme, intrigues de boudoir, domination d'une femme. Innocent lança une bulle impuissante contre la paix de Munster. Les contemporains d'Alexandre VII ont déploré son incapacité politique : c'est lui que Louis XIV contraignit à d'humiliantes réparations. Après Clément IX et Clément X, Innocent XI lutta contre le grand roi avec une énergie qui a fait penser à quelques-uns qu'il s'entendait secrètement avec Guillaume d'Orange. Le XVIIe siècle finit par le pontificat d'Innocent XII, qui termina les différends avec l'église gallicane.

« C'est la force dans toute la grandeur et l'énergie de son allure qui fixe l'attention, dit M. Ranke ; aussi n'avons-nous pas le dessein de peindre les dernières périodes de l'histoire de la papauté. » Le XVIIIe siècle, en effet, nous montre les effigies papales encore plus effacées ; nous n'en continuerons donc pas l'énumération, et nous dirons seulement ceci : Montesquieu appela le pape une vieille idole, et Voltaire dédia *Mahomet* à Benoit XIV ; c'était encore une assez douce manière : de demander compte au catholicisme des larmes d'Abailard et du sang de Jordan Bruno.

Cependant quelles furent, durant le XVIe et le XVIIe siècle, les passions religieuses de l'Europe ? Sur cette importante question M. Ranke donne des renseignements précieux ; il décrit avec vérité les luttes du catholicisme et du protestantisme ; il rend surtout sensible l'habileté avec laquelle la cause catholique releva ses affaires au commencement du XVIIe siècle ; il est excellent dans le détail, mais peut-être n'a-t-il pas assez embrassé l'ensemble des choses.

Quand au moyen-âge Grégoire VII et Innocent III proclamaient la papauté supérieure aux puissances laïques, cette prétention était pour eux un dogme auquel ils croyaient religieusement. Les peuples y croyaient avec eux, et les rois, que ce dogme humiliait, n'y pouvaient refuser, même en se révoltant, leur adhésion intime. La foi était l'âme du moyen-âge. Puisque le pape représentait Dieu, il devait régner sur les rois. Cette politique était grande et simple, mais elle ne pouvait toujours durer, et elle dépérissait intérieurement dès la fin du XIIIe siècle. Dès ce moment les intérêts positifs commencent à primer la foi religieuse. Il n'est plus possible de conduire encore les chrétiens en Orient, pas davantage de faire accepter aux peuples et aux rois l'absolutisme de la suprématie papale, et la vie proprement politique commença péniblement pour les individus comme pour les états.

Observons les commencements de la réforme. Sans doute le théologien qui la provoque reçoit ses inspirations dogmatiques sur la grâce, de la méditation de saint Paul et de saint Augustin ; mais comment entame-t-il son œuvre ? Par l'affaire des indulgences, c'est-à-dire en défendant la bourse des Allemands, comme si la spiritualité intérieure avait besoin du sauf-conduit d'une question pécuniaire. Quand le branle fut donné, on vit les intérêts secouer et exciter le flambeau de la foi ; mais la foi toute seule n'aurait plus rien allumé. Dans les querelles et les guerres religieuses du XVIe siècle, l'intérêt politique prévaut, même quand il emprunte un autre nom, et il serait superficiel autant qu'erroné de prendre le change.

« Il n y a jamais eu d'époque où les théologiens aient été plus puissants qu'à la fin du XVIe siècle, dit M. Ranke ; ils siégeaient dans les conseils des princes, et traitaient dans les chaires des matières politiques ; ils dirigeaient les écoles, la science, la littérature... » C'est-à-dire que la théologie était puissante, à condition de ne plus être la théologie. J'accorde qu'on discutait sur la grâce, sur la présence réelle, qu'on se tenait réciproquement pour abominables entre catholiques et protestants. Mais au fond que cherchait-on ? la vérité ? Non : le pouvoir.

On ne nous prêtera pas sans doute la folle pensée de nier que dans l'âme de plusieurs brûlait encore le feu d'une spiritualité sincère ; mais nous disons que le mouvement social, lors même qu'il s'appelait religieux, était politique. Dès le commencement du XVIIe siècle, les théologiens disparaissent pour faire place à l'habileté, et à la science laïques des jurisconsultes et du tiers-état. Richelieu n'a d'un prêtre que la robe. Les papes en majorité se montrent mondains et politiques ; ils quittent tantôt l'Espagne pour la France, tantôt François Ier pour Charles-Quint ; ils font des vœux pour les protestants et Gustave-Adolphe, parce que ces hérétiques ruinent la puissance impériale. Le duc d'Albe écrase les réformés dans les Pays-Bas, et en même temps fait trembler le pape dans Rome, car avant d'être catholique, il est sujet de Philippe II. Quand la politique tombe d'accord avec la religion, on célèbre avec enthousiasme cette harmonie, et on s'en fait une arme puissante ; mais lorsqu'elles sont opposées, la religion est sacrifiée à la politique : voilà le fait général du XVIe et du XVIIe siècle. Si nous le voyons déjà poindre au XIVe et au XVe siècle, nous étonnerons-nous que plus tard il s'affirme avec autorité ?

Lorsque Bellarmin donnait une expression théorique un peu tardive aux prétentions de Grégoire VII et d'Innocent III, il mêla la souveraineté du peuple à la toute-puissance du pape. Il établit que Dieu n'ayant accordé le pouvoir temporel à personne en particulier, ce pouvoir appartenait au peuple qui le conférait tantôt à un seul, tantôt à plusieurs, et conservait toujours le droit de changer les fortes politiques. La doctrine catholique s'attachait à montrer qu'elle n'avait de préférence pour aucun gouvernement particulier et qu'elle s'adaptait aussi bien aux institutions aristocratiques et démocratiques qu'aux monarchies. A l'union des deux souverainetés sacerdotale et populaire, les protestants répondirent par la doctrine du droit divin des princes et par l'indépendance des nationalités. Mais plus tard il y eut entre les deux causes comme un échange de principes, au XVIIe siècle, les tendances monarchiques prédominèrent dans le catholicisme, et les protestants inclinèrent ouvertement vers la république, ou du moins vers une liberté aristocratique ; et, comme le dit fort bien M. Ranke, d'un côté le monde catholique était uni, classique et monarchique ; de l'autre, le monde protestant était divisé, romantique et républicain.

Ainsi les moyens peuvent changer, mais entre les deux causes le prix du combat est toujours le pouvoir politique. Elles se balancèrent long-temps dans leurs succès et leurs revers. La papauté, en se séparant de la puissance impériale et espagnole, contribua beaucoup à fonder le protestantisme en Allemagne. Les exagérations de Paul IV précipitèrent dans la réforme Élisabeth et l'Angleterre. Vers 1560, le nord de l'Europe avait abjuré le catholicisme ; l'Allemagne était presque entièrement sous l'empire des doctrines de Luther ; la Pologne et la Hongrie fermentaient ; Genève s'érigeait en métropole des opinions nouvelles ; en France et dans les Pays-Bas un parti considérable soutenait la réforme. Le catholicisme voulut résister à ce triomphe : après avoir raffermi sa domination morale en Espagne et en Italie, et s'être lié, sans arrière-pensée, à la monarchie de Philippe II, il travaille à reprendre son ascendant sur le reste de l'Europe. Les jésuites envahissent l'Allemagne ; ils s'établissent à Vienne, à Cologne, à Ingolstadt, à Spire, comme pour lutter avec Heidelberg, à

Wurzbourg, dans le Tyrol ; ils pénètrent en Hongrie, en Bohème, en Moravie ; c'était une invasion du christianisme romain dans le christianisme germanique. La Bavière devint le centre d'une restauration catholique et d'une réforme dans l'église. Les petits princes allemands non réformés se rallièrent à elle. En France et dans les Pays-Bas, le catholicisme se relevait aussi, mais violemment. La cruauté systématique du duc d'Albe, la juridiction formidable du *conseil des troubles*, extirpèrent *la racine des mauvaises plantes*, suivant l'expression du roi d'Espagne. Catherine de Médicis, qu'enflammaient l'exemple des Pays-Bas, les conseils de Philippe II et de son terrible lieutenant, frappa, dans la nuit de la Saint-Barthélemy, un coup d'état qui remplit d'allégresse la catholicité. Partout les protestants coururent aux armes, et il s'établit entre eux une solidarité européenne. Le centre de la puissance et de la politique protestante était l'Angleterre ; Élisabeth faisait expier aux catholiques de ses royaumes les disgrâces des réformés des Pays-Bas et des huguenots de France. La Saint-Barthélemy provoqua l'immolation de Marie Stuart ; c'est alors que les forces espagnoles et italiennes voulurent tenter un coup de main sur l'Angleterre. L'avènement du fils de Marie Stuart au trône britannique fut une véritable disgrâce pour le protestantisme.

Quel est le dénouement de cette lutte européenne, dont la guerre, de trente ans devint un si notable épisode ? L'équilibre entre les deux partis, entre les deux religions, qui reconnaissent enfin la nécessité de se supporter mutuellement. Le catholicisme conserva beaucoup de son empire, et le protestantisme acquit l'égalité.

Ainsi la tentative de la papauté romaine, d'étendre sur toute la chrétienté une théocratie spirituelle qui fasse accepter ses lois à toutes les sociétés politiques ; cette tentative, si longuement préparée depuis Grégoire Ier jusqu'à Grégoire VII, si brillante jusqu'à la mort d'Innocent III, déjà si vivement contestée par Frédéric II de Hohenstaufen, qu'ébranlent les conciles et les papes eux-mêmes, que nie expressément Luther, se débat pendant un siècle et demi, transige, et ne sauve la moitié de ses intérêts et quelques-unes de ses prétentions qu'à la condition d'abdiquer le monde et l'avenir.

Nous ne pouvons nous refuser à une observation sur les rapports de la papauté avec la France. Vis-à-vis de Rome, l'ancienne monarchie a su rester tout ensemble libre et catholique. Elle n'entre pas dans la querelle du sacerdoce et de l'empire, elle est respectueuse envers les papes, mais indépendante ; et il se trouve que c'est elle qui leur cause les plus violents déplaisirs. Innocent III meurt de la fièvre que lui donne le départ du fils de Philippe-Auguste pour l'Angleterre, malgré ses ordres. Grégoire IX essuie de la part de saint Louis le refus d'une hospitalité que le roi et ses barons estiment dangereuse. Philippe-le-Bel brise Boniface VIII. Richelieu fait de la politique romaine un instrument. Louis XIV est inexorable, et dompte avec son orgueil la superbe du Vatican. Les parlements, tantôt de concert avec le clergé, tantôt malgré lui, défendent l'indépendance de la couronne et les libertés de l"église nationale. Et cependant la France reste catholique, elle ne se sépare pas ; si elle semble tentée un instant de tremper dans la réforme du XVIe siècle, elle revient sur ses pas, elle revient à l'unité ; elle fait tomber, par le bras de Richelieu, les murs de La Rochelle et les premiers commencements d'une confédération aristocratique ; elle se sauve d'un schisme partiel, et se réserve tout entière pour la révolution sociale de 1789.

Nous avons entendu des Allemands se féliciter de ce que la réforme de Luther avait préservé jusqu'à présent l'Allemagne des tentations d'une révolution politique ; nous, nous féliciterons la France d'avoir passé d'un seul bond de l'unité catholique et monarchique à l'unité philosophique, et démocratique.

Il faut regretter que M. Ranke n'ait pas étudié le travail moral et intellectuel de la France depuis Luther jusqu'à la fin du XVIIIe siècle. C'est une grande lacune dans son livre. Il est vrai que nous rencontrons des dédommagements dans les détails qu'il nous donne sur des points peu connus, comme les tentatives du catholicisme sur la Suède, sur la Russie, ses mouvements en Pologne. Nous signalerons aussi les pages sur les finances du saint-siège et sur l'intérieur de la cour de Rome. Il ne faut pas oublier non plus le dramatique épisode de la reine Christine et de sa conversion. En somme, tous les faits sur lesquels M. Ranke a voulu jeter la lumière sont admirablement éclairés, et ces clartés nouvelles, qui procurent à l'esprit de vifs plaisirs, lui causent aussi plus de regrets pour ce qui est laissé dans l'ombre. Enfin, à notre sens, le livre du professeur de Berlin apporterait au lecteur une évidence plus complète, si l'auteur eût davantage encadré son sujet, le XVIe et le XVIIe siècle, entre le moyen-âge et les derniers temps modernes. Son histoire se présente à l'œil d'une manière trop isolée, trop fragmentaire, et l'époque qu'il raconte est trop livrée au lecteur sans la connaissance du passé qui l'a produite et sans la perspective de l'avenir qu'elle doit amener.

Quoi qu'il en soit, l'ouvrage de M. Ranke, outre sa valeur historique, peut-il être considéré comme un plaidoyer en faveur du catholicisme ? M. de Saint-Chéron semble le croire dans l'introduction chaleureuse dont il a fait précéder la traduction du livre allemand. Rien n'est plus respectable que les illusions sincères de la foi religieuse. Nous ne saurions avoir la pensée de troubler M. de Saint-Chéron, dont nous estimons le caractère et le talent, dans sa confiance et son espoir. Puisqu'il juge ne pouvoir mieux servir la religion catholique qu'en appelant à son secours l'érudition et l'intelligence du protestantisme, soit ; ce qui importe le plus, c'est la divulgation des faits, préliminaire indispensable au développement des vérités religieuses.

Le catholicisme devra un jour porter sa sollicitude sur trois sujets importants, sur le dogme même, sur l'autorité monarchique des papes et sur l'autorité démocratique des conciles.

Qui pourrait nier la grandeur des dogmes catholiques ? Ils ont, pendant des siècles, conduit et fortifié les hommes ; ils les ont gouvernés ; ils ont su leur servir à la fois d'épouvante et de consolation. Mais la puissance et la beauté des choses qui paraissent sur la terre n'impliquent ni leur vérité absolue ni leur éternité. Dire que les dogmes de la religion catholique forment, avec les parties matérielles de la vie humaine, un austère et vénérable contraste ; dire encore que ces dogmes offrent à l'esprit des solutions sérieuses qui ont gardé longtemps l'adhésion du genre humain, c'est avancer des propositions incontestables, mais insuffisantes pour répondre aux questions de notre siècle. L'intérêt n'est pas tant dans un éloge mérité du passé que dans un souci légitime du présent et de l'avenir. Le catholicisme doit bien se consulter lui-même ; il doit faire un examen sévère de ses principes et de ses doctrines, se demander, avec une netteté scrupuleuse, sur quels points il pourrait un jour se montrer accommodant et flexible, sur quels autres il devra prononcer un *ultimatum* immuable. Il y aurait folie de sa part à croire échapper, dans l'avenir, à une révision générale de ce qu'il enseigne au genre humain, et il sera d'une haute prudence de se tenir prêt pour le moment des épreuves, pour l'heure, non pas de la persécution, mais de l'examen. Suprême effort de l'humanité, les religions n'en sont pas moins soumises aux conditions humaines, et, tout en révélant le ciel, elles dépendent de la terre.

Le pouvoir monarchique de ses papes pourra être aussi, pour le catholicisme, un grave embarras. L'infaillibilité du pape lui est nécessaire pour qu'il soit vraiment pape ; mais le monde chrétien est, depuis long-temps, fort indocile à cette nécessité. Si contre elle, depuis le XIVe siècle, se développe une rébellion continue, que sera-ce aujourd'hui ? que sera-ce plus tard ? Quelques hommes, il est vrai, convaincus, non sans raison, que la désobéissance au pape est la destruction du fondement même du catholicisme, se pressent autour du saint-siége avec une obséquiosité presque violente et passionnée ; mais cette humilité fastueuse trahit les périls de la situation, et ne les conjure pas. L'église catholique, qui se proclame une monarchie par excellence, devra donc ou changer son principe, ou triompher de l'esprit démocratique.

Mais la démocratie n'est-elle pas dans le sein même de l'église et n'a-t-elle pas, dans les conciles, son expression politique et légale ? A l'idée d'une assemblée générale de l'église, dans notre siècle, les catholiques les plus résolus semblent trembler. M. de Maistre déclare qu'un concile oecuménique est devenu une chimère : il ne croit nullement probable qu'il puisse paraître nécessaire ; il reconnaît des inconvénients immenses dans ces grandes assemblées ; enfin il prononce que le monde est devenu trop grand pour les conciles généraux, qui ne semblent faits que pour la jeunesse du christianisme. Quel effroi ! quelle peur de toute discussion ! Mais n'y aura-t-il jamais de circonstances dont l'irrésistible force contraindrait le catholicisme à convoquer des états-généraux ? Cette assemblée une fois réunie, que pensera-t-elle de ses rapports avec le pape ? Quelles seront aussi les opinions dogmatiques de ses membres ? Dans le sein même de l'église, n'y aurait-il pas des doctrines et des talents qui pourraient inquiéter l'orthodoxie immobile ? Et si on échappait à ce danger, quelle figure ferait le concile devant le siècle et les résultats de ses travaux ? Si déjà, au XVIe siècle, le concile de Trente se trouvait mal à l'aise en face des lettrés et des savants, contre lesquels venaient le secourir, il est vrai, les arguments de l'inquisition, que pensera le futur concile, convoqué de nos jours ou dans le siècle prochain, du voisinage de la science humaine qui se sera développée depuis l'heure où le vingtième et dernier concile oecuménique termina ses séances en répondant aux *acclamations* composées et chantées par le cardinal de Lorraine ?

De graves soucis ne manquent donc pas à Rome, et cette antique maîtresse du monde peut méditer, si elle n'agit plus. Deux fois elle fut le centre de l'Occident. Il est fort douteux qu'elle retrouve une troisième fois cette fortune ; et cependant, au milieu de ses palais et de ses ruines, entre le Vatican de ses papes et le Forum de ses tribuns, on se surprend à attendre encore quelque chose. A Rome, le présent n'est rien ; l'empire du passé est immense, et les différences du temps y sont effacées. La ville des Gracques et des Caton se confond avec la ville des Léon et des Grégoire ; on ne s'étonne pas de visiter le même jour Saint-Pierre et le temple de Vesta : la puissance d'Innocent III ne paraît pas moins éteinte que la gloire de César. Il y a là pour l'ancienne république comme pour la théocratie du moyen-âge, pour le polythéisme comme pour le catholicisme, une égalité de néant qui porte à l'âme un calme étrange, et l'excite en même temps à invoquer l'avenir. Oui, dans cette nécropole de l'univers, on attend la vie ; et comme de tous les points de la terre les hommes s'y rendent encore pour lui demander les émotions de l'histoire, de l'art, de la religion, on dirait des envoyés, des représentants de tous les peuples, qui gardent Rome, la ville éternelle, pour un jour glorieux, où, sans être une troisième fois la reine du monde, elle doit servir encore à l'humanité de musée, de temple et de Forum.

Chapitre 4
La papauté au XIIIe et XIXe siècles

L'alliance de l'histoire et de la politique devient plus étroite chaque jour, et elle rend au passé une vie nouvelle. Des questions et des faits qui semblaient avoir épuisé la curiosité et la controverse reprennent, au contact des révolutions et des conjonctures contemporaines, un intérêt imprévu. Et voilà la vieille et classique Italie, *saturnia tellus*, qui veut encore occuper les imaginations et la renommée, comme si elle n'avait pas une double histoire, comme si elle n'avait pas deux fois régné sur le monde, d'abord par les armes, puis par la religion ? Et qui se montre surtout animé d'une ambition pareille ? Le pape. L'institution séculaire qui, placée au sommet du christianisme, a donné à la prédication de l'Évangile une autorité et des formes théocratiques, semble secouer la langueur dont elle était atteinte, et, par une initiative d'autant plus éclatante qu'elle était moins attendue, annonce le dessein de conduire les peuples à la conquête de la liberté. Ce spectacle rejette nécessairement l'esprit dans la contemplation du passé ; il provoque des comparaisons entre notre époque et les siècles précédents. L'histoire seule peut nous livrer le secret de cette sorte de renaissance, qui appelle aujourd'hui tous les regards sur la papauté. Sa vitalité est-elle inépuisable ? Quelle est donc la vertu de ce pouvoir dont l'essence, les attributions et les fortunes diverses forment un des plus sérieux problèmes de la politique moderne ?

Quand on compare la vie que menaient les premiers chrétiens, la simplicité de leurs mœurs, leur détachement des richesses, à la puissance, à la splendeur de l'église au moyen-âge, et à l'ambition temporelle qu'elle ne craignait pas de proclamer, on pourrait, au premier abord, être tenté de voir dans ce contraste un ironique démenti donné avec audace aux principes mêmes de la religion fondée par la prédication de l'Évangile. Ce jugement, beaucoup d'esprits l'ont porté sincèrement, de nombreux hérésiarques en ont fait la raison décisive de leur insurrection contre l'église. Cependant ni les révolutions qui changent vraiment la face des choses, ni les fortes institutions qui durent, ne sont mises au monde par le génie du mensonge : elles ont toujours pour cause première une foi vive dans le bien et dans la vérité. Non-seulement jamais les hommes n'ont prêté volontairement leur obéissance qu'à un pouvoir qu'ils reconnaissaient pour légitime, mais on n'a jamais osé la leur demander qu'au nom de la raison, et ceux qui l'exigeaient étaient convaincus de leur droit ; autrement ils n'eussent exercé aucun empire sur les âmes. C'est dans cette foi commune de ceux qui avaient la puissance et de ceux qui s'y soumirent qu'il faut chercher le nœud de la papauté.

La doctrine du christianisme ne triompha de la civilisation païenne que parce qu'elle fut réputée pour divine par les peuples qui l'embrassèrent. A ce titre, elle contenait toute vérité et devait gouverner le monde. A qui donc le pouvoir devait-il appartenir, si ce n'est à ceux qui la possédaient ? Voilà en deux mots la théorie de la papauté, voilà le droit tel que le comprit l'église. Mais ce droit, comment l'exercer ? Lorsque l'église passa de la persécution et du martyre à l'état de religion dominante, après avoir traversé la liberté des cultes, elle eut à traiter successivement avec deux grandes puissances, les empereurs grecs et les rois francs. Elle fut protégée et contenue par les premiers, elle couronna les seconds et leur jeta sur les épaules la pourpre impériale. La différence était grande. A Constantinople, la religion nouvelle recevait tout de l'empire, et, au milieu des faveurs dont elle était comblée, lui restait soumise. Dans l'Occident, au moment même où elle était secourue par le pouvoir politique, elle le primait, car aux Carlovingiens, à ces usurpateurs heureux, elle communiquait la légitimité : enfin c'était elle qui donnait l'empire.

Tel fut le point de départ des rapports réciproques de la puissance, temporelle et de la spirituelle. Il arriva qu'un pouvoir qui recevait de la munificence d'un autre des villes, des terres, une domination temporelle, parut supérieur à son bienfaiteur, parce qu'il s'identifiait avec la religion, parce qu'il était aux yeux des peuples l'image de la vérité. L'église et la papauté eurent l'insigne fortune de s'appuyer sur des idées et des doctrines qui, sous la double autorité du temps et de la foi, sans contradicteurs, prirent racine dans les âmes. Qui avait un système politique à la fin du XIe siècle, si ce n'est le sacerdoce ? De la théorie que nous venons d'indiquer, de la théorie du pouvoir appartenant nécessairement aux possesseurs de la vérité, découlaient d'importants corollaires. Le pape, en qui se concentrait la plénitude du droit et de la puissance, régnait sur le spirituel et sur le temporel ; seul il pouvait déposer et absoudre non-seulement les évêques, mais les empereurs. Infaillible, il ne pouvait être jugé par personne et jugeait tout le monde ; il pouvait dégager les sujets du serment de fidélité envers les rois. Sans son ordre, pas de concile général ; sans son autorité, pas de livre canonique ; il était enfin toute la puissance et toute la vérité ainsi les peuples et les rois lui devaient une complète obéissance.

Pour imposer aux hommes un pareil dogmatisme, il faut, nous ne disons pas une conviction profonde, mais un fanatisme supérieur à tous les doutes, à toutes les hésitations. Ce n'est pas la fourberie politique qui, dans les grands jours du moyen-âge, inspire le Vatican, mais l'enthousiasme de la théocratie, enthousiasme utile au monde, car il a réveillé l'esprit humain, il l'a tiré de sa torpeur. On conviendra que jamais provocation ne fut plus vive et plus complète. Aux empereurs, aux rois, la papauté disait : Vous n'êtes que mes premiers sujets ; je règne sur vous, qui n'êtes que les fils de la conquête et de la barbarie, parce que je suis l'expression de la vérité divine. C'est au même titre que la papauté intimait à toutes les intelligences l'ordre de s'humilier devant elle, et de se plier en toute chose à une éternelle docilité. Ainsi, dans la sphère des intérêts comme dans celle des idées, l'église revendiquait tout pour elle avec une franchise altière.

Ne nous en plaignons pas. Cette impérieuse simplicité dans la manière de poser les questions n'a pas peu contribué à leur imprimer un caractère général et philosophique. Dans les sociétés antiques, les luttes des différents pouvoirs n'avaient presque toujours pour mobiles que les passions et les intérêts égoïstes de factions ennemies. Par un contraste qui est un progrès, nous voyons, dès les débuts de la société moderne, une théorie s'établir ; elle proclame au nom d'une révélation divine l'omnipotence ecclésiastique, c'est-à-dire qu'elle féconde tout ce qui fermentait dans la tête humaine. A une affirmation hautaine répond une négation hardie, Le combat s'engage. Contre la théocratie romaine s'élèvent tour à tour les jurisconsultes, puis les réformateurs religieux, enfin les philosophes. L'absolutisme de la religion a suscité l'audace de la pensée. Qu'en conclure, si ce n'est que la papauté, et ce n'était pas son dessein, a puissamment servi l'indépendance de l'esprit humain ?

Sur d'autres points, pour les relations des peuples entre eux, et aussi pour leur administration intérieure, la papauté n'a pas moins mérité de la sociabilité moderne, et cette fois elle eut souvent l'intention du bien qu'elle faisait. Se considérant elle-même et reconnue comme la source de tout droit, elle était investie d'une autorité générale qui lui permettait de se porter partout médiatrice souveraine. De nos jours, on discute beaucoup sur l'intervention ; au moyen-âge, la papauté avait tranché la question de haut ; elle intervenait partout. Dès la fin du XIe siècle, elle se mêlait des affaires de l'Europe ; elle adressait des conseils, des directions à la France, à l'Angleterre, à l'Espagne, à la Bohême, et, tout en réglant sa conduite sur la manière dont ses avis étaient reçus, elle persévérait dans la prétention d'imposer sa suprématie. Nous assistons, dans le XIIIe siècle, aux progrès que la papauté doit à son habile constance. Toutes les parties de l'Europe, la Scandinavie, l'Islande, la Hongrie, le Portugal, sans compter les états dont nous avons déjà parlé, tout enfin dans le monde recevait de la papauté, planant au-dessus des intérêts individuels, des influences salutaires, de hautes inspirations.

Maintenant voici la part des passions humaines. Le droit d'intervention que s'était arrogé la papauté allait nécessairement jusqu'à disposer des couronnes et à détrôner les rois. La conséquence était rigoureuse et la pente irrésistible. Seulement il fallait que cette puissance si absolue ne s'exerçât que contre l'iniquité et la tyrannie. Pour être bénie des nations et soufferte par leurs chefs, elle avait besoin de s'appuyer sur une justice dont la pureté ne fût jamais ternie par des calculs particuliers. Or, comment, en Italie, la papauté pouvait-elle rester étrangère aux passions, aux combinaisons politiques ? Là, ce n'était plus tant cette magistrature souveraine de laquelle relevaient tous les pouvoirs et toutes les juridictions de l'Europe, qu'un gouvernement temporel, avec ses conditions, ses exigences et ses inévitables rivalités. L'arbitre du monde était effacé par le prince italien.

Ici, du domaine de la théocratie, nous passons à des complications, à des intrigues qui, à chaque instant, varient l'aspect de la scène. Comme souverain temporel, comme héritier des dépouilles des exarques grecs et des Lombards, le pape change sans cesse d'alliés et d'ennemis. L'ami de la veille devenait presque toujours l'adversaire du lendemain, tant il y avait dans les affaires italiennes de mobilité et d'anarchie. Ce ne fut qu'au milieu du XIIe siècle que la politique temporelle des papes eut un caractère de persévérance et de grandeur, parce qu'alors l'Allemagne réagit vivement, non moins contre la suprématie pontificale que contre la liberté de l'Italie. Nous l'avons dit, par l'audace de ses théories et de ses actes, la papauté avait donné le signal de la résistance, et l'empire eut une politique qui ne fut pas moins systématique et entreprenante que celle du sacerdoce. La maison des Hohenstaufen voulut venger les injures de la maison salique, et elle soutint contre la papauté une lutte qui constitue une des plus grandes époques de l'histoire moderne, car tout y paraît dans de vastes proportions ; les passions et les idées, les caractères comme les événements. Cependant les esprits qui fermentaient trouvaient un aliment dans la jurisprudence et la philosophie, qui devinrent promptement pour la théologie de redoutables rivales ; les imaginations étaient ébranlées, et la poésie, dont les interprètes menaient eux-mêmes une vie pleine d'aventures, avait des chants où la grandeur épique et l'intérêt du récit n'étouffaient pas les traits de la satire.

Dans cette période, qui embrasse plus d'un siècle et demi, quelle ample matière pour l'historien, soit qu'il se sente la force d'en saisir et d'en représenter l'ensemble, soit qu'avec une discrétion prudente et habile il y choisisse un moment, un aspect sur lequel il travaillera particulièrement à répandre la lumière ! C'est ce dernier parti qu'un ingénieux écrivain a préféré. Le sujet dont il s'est emparé ne s'ouvre véritablement qu'après la disparition de Frédéric Barberousse et de Frédéric II. Ces héros sont morts ; la lutte continue entre leur descendance et la papauté, qui, pour résister efficacement an génie de l'empire, appelle à Naples et en Sicile un prince français. Un des plus illustres chevaliers de la chrétienté, le frère de saint Louis, Charles d'Anjou, accepte l'investiture des mains du pape, passe en Italie, abat successivement Mainfroy, ce hardi et courageux bâtard, Conradin, que le double éclat de sa jeunesse et de sa race ne sauve pas de la hache du bourreau, et fonde à Naples une dynastie à laquelle l'insurrection victorieuse de tout un peuple arrache la Sicile. Voilà le thème historique de M. de Saint-Priest. Nous examinerons, chemin faisant, si l'auteur a conduit son ouvrage assez loin pour donner une idée complète de l'établissement et des destinées de la maison d'Anjou à Naples, mais personne ne contestera la grandeur et l'intérêt du sujet sur lequel se sont arrêtées ses prédilections. Les idées et les croyances du moyen-âge y sont représentées par de glorieux champions, la politique s'y développe et s'y noue par des complications qui amènent de sanglantes catastrophes ; enfin l'histoire, sans qu'on la dénature, s'y élève à de pathétiques effets. Tout cela n'a pas manqué d'exercer une séduction puissante sur l'esprit éminemment littéraire de M. de Saint-Priest. Frappé des éléments dramatiques d'un pareil sujet, l'écrivain n'a pas hésité à donner à son livre les traits et les couleurs d'une œuvre d'imagination, et à le mettre, pour ainsi parler, sous l'invocation du grand poète dont le génie demeure comme le plus éloquent interprète du moyen-âge. L'*Histoire de la conquête de Naples* est divisée en douze livres, dont chacun porte au frontispice de longues épigraphes empruntées à Dante. C'est aussi dans les chants des *Minnesingers* que l'écrivain aime à chercher les preuves de l'hostilité du Nord contre le Midi.

Au milieu de ces poétiques aspects, l'intérêt politique du sujet reste considérable. C'est un des épisodes importants de l'histoire générale du moyen-âge, et aussi de l'histoire de France, que la conquête du royaume de Naples par Charles d'Anjou. Cette expédition, qui fonde une dynastie, ouvre d'une remarquable manière, dans les annales modernes, les relations de la France et de l'Italie, ces deux nations destinées par la nature à exercer l'une sur l'autre de décisives influences. A la fin du XVe siècle, la chevalerie française recommencera les mêmes prouesses, et ses faits d'armes n'auront pas seulement l'éclat d'un tournoi, mais bien une portée politique. Les historiens et les publicistes s'accordent à considérer l'expédition de Charles VIII en Italie comme ayant donné l'éveil aux différentes puissances de l'Europe pour se défendre par un système d'équilibre les unes contre les autres. Une traduction des Commentaires de César enflamme l'imagination du jeune fils de Louis XI, et voilà un roi de France qui s'ouvre la route de l'Italie, l'épée à la main, pour faire valoir les droits de la seconde maison d'Anjou sur le royaume de Naples. Après Charles VIII, les prétentions et les guerres de Louis XII et de François Ier provoqueront les progrès de la diplomatie et noueront entre la France et l'Italie des rapports indestructibles, car ils durent depuis Léon X jusqu'à Pie IX. Pour revenir à Naples, un prince français, ou, si l'on veut, lorrain, un aventurier de race, un duc de Guise, y joua, au milieu du XVIIe siècle, le rôle d'un héros de roman. Enfin, de nos jours, le César français a fait monter un de ses plus audacieux lieutenants sur le trône où s'était assis le frère de saint Louis. Cependant, à travers toutes ces vicissitudes, les peuples apprennent à se connaître, se font d'utiles emprunts, et c'est ainsi que la nation à laquelle Charles d'Anjou imposa jadis nos institutions féodales cherche maintenant dans les lois de la France des garanties efficaces pour sa liberté.

Avant d'arriver à la conquête même de Naples et au personnage qui l'accomplit, M. de Saint-Priest a su, par une élégante exposition, donner de l'intérêt à d'indispensables préliminaires. Quels étaient ces Normands fondateurs du royaume des Deux-Siciles ? comment gouvernaient-ils le pays qu'ils avaient conquis ? à travers quelles vicissitudes parvinrent-ils à recevoir du saint-siège la légitimité qui leur manquait ? Tout cela est bien exposé, bien déduit. Cependant le mariage de Constance, fille de Roger II, avec Henri, fils de Frédéric Barberousse, crée pour la papauté un grand péril, par la réunion dans la même main de l'empire et de la Sicile. Le fils de Henri VI et de Constance sera ce fameux Frédéric II, dont le génie et la puissance exaspérèrent tellement la papauté, qu'elle fera de l'extermination de la maison de Souabe le principal but de ses efforts. Ici la lutte du sacerdoce et de l'empire atteignit les dernières limites de la haine et de la fureur. L'originalité de Frédéric II, ce grand sceptique du XIIIe siècle, a été vivement sentie et rendue par M. de Saint-Priest, qui l'a comparé à un autre Frédéric, à l'incrédule ami de Voltaire. M. de Saint-Priest remarque avec raison que devancer son siècle est à la fois une gloire et un malheur, et que, si la postérité en tient toujours compte, les contemporains ne le pardonnent jamais. Le morceau consacré à cet illustre adversaire de la papauté est vif, brillant, et termine le premier livre d'une manière heureuse.

Il y a toutefois dans cette introduction un point fondamental qui nous paraît soulever quelques objections. M. de Saint-Priest établit comme un fait incontestable que, pendant la grande période du moyen-âge, les papes n'étaient pas souverains dans Rome, qu'ils ne le devinrent qu'à la fin du XIVe siècle, à leur retour d'Avignon. Selon lui, la souveraineté résida jusqu'à cette époque dans le sénat et dans le peuple. Il faut s'entendre. Que Rome ait toujours eu le goût des formes républicaines, et qu'à la faveur de l'anarchie qu'entretenaient sans cesse les querelles des empereurs et des papes, les Romains, nobles et peuple, sénat et commune, aient souvent ressaisi le pouvoir, rien n'est moins contestable ; mais au milieu de toutes ces tentatives, en face de tous les faits que rappelle M. de Saint-Priest, il y eut du côté des papes toujours la pensée et souvent le triomphe d'une souveraineté complète. Dès qu'il fut bien avéré que l'empire grec ne pouvait plus ni garder, ni protéger l'Italie, l'évêque de Rome fut, par la force des choses, investi d'une puissance où se mêlaient les droits du prince et l'autorité du pontife. C'était là sa nouveauté, c'était là son ascendant. M. de Saint-Priest ne méconnaît pas qu'il y avait au XIIe siècle deux partis en présence, le parti formé à l'école de Grégoire VII, dévoué à la souveraineté temporelle de l'église, ennemi des traditions politiques de Rome païenne, et le parti aristocratique ou sénatorial, qui combattait la domination des papes et s'attachait à faire revivre la république. Seulement il ne nous dit pas lequel des deux partis avait raison, lequel avait les vues les plus hautes et servait le mieux les intérêts de l'Italie. C'était la papauté. Sans revenir ici sur des points que nous avons déjà traités dans ce recueil, nous trouvons plus d'élévation, et aussi plus de patriotisme italien, dans la politique et l'ambition des papes que dans les prétentions d'une aristocratie égoïste. Au surplus, si malmenés qu'ils fussent par la fortune, les papes se considérèrent toujours comme les souverains de Rome, même quand ils étaient obligés de la quitter, et la toute-puissance d'Innocent III fut comme la récompense, long-temps attendue, de la persévérance de ses prédécesseurs. M. de Saint-Priest ne peut nier le triomphe d'Innocent III sur la faction aristocratique ; il reconnaît que le pontife supprima le titre de consul, se fit jurer fidélité par le préfet, et qu'après avoir réduit le sénat à un seul représentant, il reçut le serment du sénateur qu'il avait choisi lui-même. Quel était ce serment ? Selon M. de Saint-Priest, qui en cite le texte, ce serment n'établissait pas encore la puissance temporelle du pape, il la préparait seulement dans l'avenir. M. de Saint-Priest ne veut pas que les expressions : *Fidelis ero tibi, domino meo papæ*, et celles-ci : *Papatum romanum et regalia beati Petri*, représentent l'idée de souveraineté. Ce serait trop ressembler aux docteurs du moyen-âge que de batailler sur du latin ; nous aimons mieux, pour contredire le spirituel écrivain qui s'efforce d'atténuer la puissance d'Innocent III, appeler à notre aide trois autorités dont à coup sûr il ne contestera pas la compétence. Frédéric Hurter n'hésite pas à affirmer qu'Iinnocent III rétablit dans Rome la plénitude de l'autorité pontificale ; lorsque le préfet prêta serment entre les mains du pape, celui-ci le revêtit d'un manteau, insigne de son investiture. Le manteau remplaçait le glaive que l'empereur avait coutume de remettre. Pour le sénateur, Hurter remarque qu'il n'exerça plus ses fonctions au nom du peuple, mais au nom du pape, qui le choisissait, et qu'ainsi disparut la dernière trace de l'indépendance des Romains, comme disparaissait dans la personne du préfet la dernière trace de la suzeraineté impériale. Daunou attache la même importance à la restauration que fit Innocent III de la souveraineté pontificale. Enfin Muratori dit expressément, en parlant de l'avènement de ce grand pape, qu'à ce moment l'autorité impériale à Rome rendit le dernier soupir. A qui donc restait la souveraineté, si ce n'est à la tiare ? En général, dès le début, M. de Saint-Priest ne nous paraît pas avoir apprécié d'une manière assez ferme et assez complète la nature même de la papauté, son caractère universel et sa puissance morale au moyen-âge. Il eût modifié quelques-unes de ses opinions historiques en approfondissant plus encore cet immense sujet.

A côté des idées générales et des grands pouvoirs qui luttaient ensemble, on rencontre au XIIIe siècle une variété infinie de physionomies et de situations originales. Tout s'efface aujourd'hui sous l'uniformité d'une vie commune, sous le niveau d'une même loi. Au moyen-âge, les caractères avaient un relief, les institutions et les choses une diversité qui offrent à la plume de l'historien les plus piquants contrastes. Quelle mâle et singulière figure que celle de ce Mainfroy, aimant avec la même énergie le plaisir et le pouvoir, audacieux et rusé, poussant sa fortune à travers tous les contre-temps et tous les mécomptes, enfin réussissant, en dépit de tous les obstacles, à mettre sur sa tête la couronne de Sicile ! Les traits de ce personnage, l'éclat de sa jeunesse, l'éducation qu'il reçut de son père l'empereur Frédéric, un tempérament de feu joint à la dissimulation la plus profonde, M. de Saint-Priest a su rendre tout cela avec beaucoup de vérité. Peu de romans offrent autant d'intérêt que ce morceau d'histoire. Où trouver aussi des choses se prêtant mieux aux effets pittoresques que les différents aspects de l'Italie à cette époque, et notamment les Sarrasins de Lucera ? C'était une colonie musulmane fondée par Frédéric II. A Lucera, l'empereur avait mis son arsenal, son trésor et son harem, et il y avait concentré soixante mille Sarrasins, qu'il regardait comme ses meilleurs amis. C'était à bon droit, car ils le servirent après sa mort en mettant son fils Mainfroy sur le trône. Devenu roi, c'était encore avec les Sarrasins que Mainfroy faisait trembler le pape, qui, du haut des tours de Civita-Vecchia, pouvait voir leurs incursions et leurs ravages dans la campagne de Rome. C'est alors qu'Urbain IV déclara devant le sacré collège que de tous les princes catholiques le comte d'Anjou et de Provence était le seul qui pût servir efficacement la liberté de l'église menacée par l'hérétique Mainfroy, c'est-à-dire qu'il ouvrait la lice, et qu'il y appelait un chevalier français pour un combat à outrance contre le représentant italien de la maison de Souabe. C'était une phase nouvelle de la lutte des guelfes et des gibelins.

Jamais la papauté n'avait disposé d'une couronne d'une façon plus éclatante. Ce n'était pas d'ailleurs la première fois qu'elle offrait le trône de Naples à un des puissants princes de la chrétienté. Déjà Innocent IV avait proposé la couronne des Deux-Siciles, tantôt à Richard, comte de Cornouailles, frère d'Henri III, roi d'Angleterre, tantôt à ce même Charles d'Anjou, auquel quelques années après le saint-siège faisait des ouvertures nouvelles. Ni le frère d'Henri III, ni le frère de saint Louis n'acceptèrent un trône dont la conquête paraissait alors si incertaine. Cependant Innocent IV, qui désirait ardemment opposer à la maison de Souabe un roi qui fût son ouvrage, sa créature, proposa au roi d'Angleterre de couronner le jeune Edmond, le second de ses fils. Edmond prit le titre de roi des Deux-Siciles, mais il ne mit jamais le pied en Italie, et les barons anglais, qui s'occupaient alors d'obtenir la confirmation de la grande charte et de fonder les droits du parlement, refusèrent les subsides qu'Henri III leur demandait. A leurs yeux, l'entreprise était téméraire et chimérique. Après avoir constaté l'impuissance de la couronne d'Angleterre, Urbain IV se tourna de nouveau vers la maison de France, dont le chef était alors en Europe comme l'arbitre souverain des peuples et des rois. M. de Saint-Priest a raison de remarquer que la justice d'une cause désapprouvée par Louis IX restait indécise et douteuse. Aussi lorsque saint Louis, refusant tant pour lui que pour ses fils la couronne de Sicile, eut enfin permis à son frère de l'accepter, après avoir débattu dans son conseil et sensiblement modifié les conditions faites à Charles d'Anjou par Urbain IV, on peut dire que ce consentement du roi de France, donné après un si mûr examen de la question, fut pour la maison de Souabe comme un premier échec, comme une condamnation morale. Quelle différence entre Henri III et Louis IX dans leur manière de répondre aux offres de la papauté ! Toutes les prétentions du saint-siège avaient trouvé dans le roi d'Angleterre une docilité absolue ; le roi de France, au contraire, dans le cours d'une négociation qui dura près de deux ans, pesa les unes après les autres les propositions du pape et les réponses du comte de Provence. Ce n'était pas trop de la raison si droite et si ferme de saint Louis, appuyé des conseils et de l'expérience de nos meilleurs jurisconsultes, pour lutter contre l'habileté romaine. Après avoir exposé avec une remarquable précision tous les détails de cette affaire, M. de Saint-Priest ajoute : « Dans cette négociation, la cour de Rome déploya beaucoup de souplesse, et surtout une connaissance aussi prématurée qu'approfondie de ce qu'on a appelé depuis les formes diplomatiques. On les reconnaît, dans ces antiques monuments, aussi achevées, aussi complètes que de nos jours. Tout s'y retrouve comme dans l'arsenal compliqué de nos négociations modernes. » Peut-être au XIIIe siècle la connaissance des formes diplomatiques n'était-elle pas pour la cour de Rome aussi prématurée que semble le penser M. de Saint-Priest. Pour ne remonter qu'au IXe siècle, sans parler de l'immense correspondance qu'eurent dès l'origine les évêques de Rome avec toutes les églises, lorsque la papauté eut reçu de la munificence des Carlovingiens une consistance temporelle, une assiette politique, seule de tous les gouvernements de l'Europe, elle entretint des relations avec les différents états ; elle se fit représenter auprès des empereurs d'Allemagne, des rois de France et d'Angleterre, par des légats, véritables ambassadeurs, et, dans leurs dépêches, elle puisait la connaissance de toutes les affaires de la chrétienté. Si à la fin du moyen-âge Louis XI, comme le remarque Ancillon, fut le premier des rois qui imagina d'avoir dans tous les pays de l'Europe des observateurs avoués qui pussent l'instruire de la situation des états et des projets des cours, il y avait cinq siècles que la politique pontificale avait pris les devants, et qu'au milieu de l'isolement de tous les peuples, Rome rayonnait par sa diplomatie sur tous les points du monde.

Il était à la fois noble et habile, en acceptant du saint-siège une couronne, d'en maintenir les droits et les prérogatives. Charles d'Anjou voulait servir l'église, non-seulement en chrétien dévoué, mais en roi puissant. Il porta dans son entreprise et sur le trône de Naples l'orgueil de la maison de France, l'inébranlable conviction de la légitimité de sa cause, une indomptable volonté. Ni le triste état de ses finances, ni les obstacles de tout genre qui lui fermaient l'entrée de Rome ne peuvent l'arrêter ; il y parait tout à coup au milieu des bruits qui couraient sur sa mort. De quel mépris il accable Mainfroy, qui n'est pour lui que le *sultan de Lucera* ! On sent que, dès qu'il se trouve en face de Charles d'Anjou, Mainfroy perd toute contenance ; son assurance ordinaire l'abandonne, et il subit l'ascendant de son adversaire avant de tomber en soldat sur le champ de bataille de Bénévent. Nous sommes là au cœur même du sujet choisi par M. de Saint-Priest, et c'est aussi une des meilleures parties de son livre. Pour la première fois peut-être, le frère de saint Louis obtient dans l'histoire les honneurs du premier plan, et sous le pinceau de l'écrivain cette grande figure a de l'éclat, de la hardiesse, une belle et vigoureuse couleur. Voilà bien un de ces caractères profonds et hautains que la fortune peut éprouver, mais ne brise pas ; un de ces tempéraments politiques qu'un fanatisme sincère élève au-dessus de tous les scrupules, une de ces âmes du moyen-âge où brûle un feu sombre et sacré.

Quel est ce jeune homme qui lève imprudemment l'étendard contre le vainqueur de Mainfroy ? Il y a dans l'histoire une poésie inépuisable. Quelle imagination d'artiste, si bien douée qu'on la suppose, eût créé un aussi frappant contraste que celle de ce gracieux adolescent, de cette tête blonde, de ces traits charmants, avec le front pâle et sévère de ce redoutable chevalier que l'église et la victoire avaient fait roi ? La lutte de Conradin et de Charles d'Anjou est un des plus pathétiques événements de l'histoire du moyen-âge. Elle est devenue un thème littéraire souvent exploité. Ici elle prend un intérêt nouveau par l'abondance et la vérité des détails. Ce n'est pas sans une sorte d'émotion qu'on suit, dans la narration de M. de Saint-Priest, toutes les circonstances de la vie de Conradin, vie si pleine d'illusions et si tôt interrompue. Ce dernier représentant de la maison de Souabe fut élevé dans l'espoir d'une couronne et dans une sorte de pauvreté. Ses parents se partagèrent les lambeaux de ses états héréditaires dans les contrées rhénanes, et il n'eut plus de refuge contre la misère qu'un trône qu'il fallait conquérir. Il partit pour l'Italie après avoir adressé aux souverains de l'Europe un manifeste dans lequel il leur demandait d'intervenir par des lettres auprès du pape, afin que le saint-père calmât la fureur et l'indignation dont il était animé contre lui. Qui donc, de Conradin ou de Charles, avait la meilleure cause ? « Entre l'aigle et la fleur, disaient les troubadours cités par M. de Saint-Priest, le droit est si égal, que ni Pandectes ni Décrétales n'ont rien à faire à tout ceci. Rien ne sera décidé que par épées et lances qui briseront têtes et bras. » Comme Charles d'Anjou, Conradin eut aussi une solennelle entrée dans Rome, il y passa sous des arcs de triomphe, il monta au Capitole au milieu des acclamations du peuple. Mais, en vérité, ce serait une témérité bien inutile que de refaire un récit qui, sous la plume de l'historien de la conquête de Naples, a un si douloureux attrait. C'est dans son neuvième livre qu'il faut se donner le spectacle de la bataille d'Alba, où les conseils et le stratagème du connétable de Champagne, Érard de Valéry, procurent la victoire au frère de saint Louis, puis de la fuite de Conradin, de son procès, enfin de son supplice auquel assista Charles d'Anjou. La tragédie est complète ; tout concourt à un effet extraordinaire et déchirant, l'éclat de la catastrophe, l'illustration de la victime, la grandeur des intérêts et des partis qui se faisaient la guerre, la jeunesse du vaincu, l'inflexibilité du vainqueur. Sans remords, avec la pleine conviction de la justice de sa cause, Charles d'Anjou traita Conradin comme un brigand qui avait voulu lui voler sa couronne. M. de Saint-Priest, en condamnant au nom de l'humanité l'immolation de Conradin, énumère les raisons qui faisaient de sa mort une nécessité politique pour Charles d'Anjou. Sans doute l'intérêt n'était pas contestable, mais sur l'esprit de Charles l'idée du droit fut plus puissante encore. S'armer contre lui, n'était-ce pas non-seulement offenser un roi, mais insulter l'église, le pape et Dieu ? Telle est la pensée qu'il exprima sur le champ de bataille d'Alba dans une lettre écrite au pape pendant la nuit qui suivit la victoire. En le dominant, cette pensée donna au vainqueur de Conradin, dans la consommation de sa vengeance, une sérénité atroce.

La fortune avait prononcé d'une façon décisive entre les guelfes et les gibelins. La cause de l'empereur et l'influence de l'Allemagne en Italie étaient abaissées, tandis que le parti guelfe déterminait les villes lombardes à reconnaître le protectorat ou du moins à accepter l'alliance du puissant roi de Naples. Désormais il n'y avait plus d'entreprise qui fût au-dessus des forces et de la renommée du fondateur de la dynastie angevine. Charles d'Anjou put reprendre alors un vaste projet que la descente de Conradin en Italie avait interrompu et qui se rattachait à l'un des plus remarquables événements du commencement du XIIIe siècle, à la conquête de Constantinople par les Latins, dont la domination éphémère ne dura pas plus de soixante ans. L'idée politique qui avait conduit les Latins à Byzance ne manquait ni de grandeur ni de justesse. Dès la fin du XIIe siècle, on était convaincu en Europe de l'inutilité des croisades tant qu'elles se borneraient à des promenades militaires en Syrie et à de stériles prouesses. On comprenait qu'il fallait s'établir en Grèce et dans les contrées qui devaient plus tard s'appeler la Turquie, et qu'alors seulement il serait possible de conquérir d'une manière durable la Terre-Sainte. Charles d'Anjou se crut prédestiné à faire réussir un pareil plan, quand, par la mort de Conradin, il se vit maître incontesté de Naples et de la Sicile. Il avait donné la main de sa fille à l'héritier nominal de l'empire latin, Philippe de Courtenay, et il était prêt à diriger sur Constantinople une flotte nombreuse, quand il dut s'arrêter devant la seule volonté dont il pût subir l'autorité, celle du roi de France, de saint Louis. La pensée des croisades, dans ce qu'elle avait de plus naïvement religieux, animait toujours saint Louis, qui, au moment de repartir pour la Terre-Sainte, invita solennellement son frère à prendre la croix et à l'accompagner. Comment Charles d'Anjou eût-il pu désobéir au chef de sa race ? Seulement il obtint du roi de France que l'armée des croisés serait d'abord dirigée vers Tunis dont le soudan, tributaire de la Sicile, n'avait pas encore payé la redevance stipulée par les traités. M. de Saint-Priest montre qu'il ne faut pas juger aussi sévèrement qu'on le fit au XIIIe siècle les sentiments et les raisons qui déterminèrent le roi de Naples à presser son frère d'aborder à Tunis. D'ailleurs, saint Louis désirait ardemment convertir à la foi chrétienne le prince africain, et, sur de fallacieux avis, il en avait conçu trop facilement l'espoir. Ces illusions le conduisirent, plus encore que les instances de Charles d'Anjou, dans la baie de Tunis et au milieu des ruines de Carthage, où il mourut. Comment ne pas se rappeler ici les admirables pages par lesquelles M. de Châteaubriand a si éloquemment terminé son *Itinéraire de Paris à Jérusalem* ? « On n'a vu qu'une fois, dit M. de Châteaubriand, et l'on ne reverra jamais un pareil spectacle. La flotte du roi de Sicile se montrait à l'horizon ; la campagne et les collines étaient couvertes de l'armée des Maures. Au milieu des débris de Carthage, le camp des chrétiens offrait l'image de la plus affreuse douleur ; aucun bruit ne se faisait entendre ; les soldats moribonds sortaient des hôpitaux et se traînaient à travers les ruines pour s'approcher de leur roi expirant. Louis était entouré de sa famille en larmes, des princes consternés, des princesses défaillantes. Les députés de l'empereur de Constantinople se trouvaient présents à cette scène ; ils purent raconter à la Grèce la merveille d'un trépas que Socrate aurait admiré. » Il est certain, s'il est permis d'ajouter un mot à cette peinture, que la mort de saint Louis a plus répandu le nom français en Orient que n'eût pu le faire la victoire la plus éclatante. C'est qu'il y a dans l'héroïsme malheureux une vertu supérieure et secrète à laquelle tout le faste des prospérités les plus orgueilleuses ne saurait atteindre.

Charles d'Anjou, qui n'était arrivé en Afrique qu'au moment où saint Louis expirait, fut contraint de retourner en Sicile. Pour lui, c'était à recommencer, car il n'abandonna pas le projet d'aller à Constantinople. Pour la troisième fois, il se préparait à diriger du port de Brindes ses vaisseaux vers le Bosphore, quand une catastrophe aussi imprévue que terrible vint le frapper au cœur. Au moment où il s'apprêtait à détrôner l'empereur Paléologue, il perdait la moitié de ses états, et la Sicile le rejetait pour se donner au roi d'Aragon.

Les vêpres siciliennes, qui servent de dénouement dramatique à l'ouvrage de M. de Saint-Priest, lui ont offert l'occasion de commencer son douzième livre par la description de cette île célèbre sur laquelle aujourd'hui l'Europe a les yeux fixés. Le ton de ces pages descriptives est chaud, le coloris en est brillant. Messine fait un complet contraste avec Palerme ; dans Messine, ville de plaisir et de commerce, affluaient les trafiquants étrangers, les pirates et les courtisanes, tandis que Palerme était la résidence des rois : même aujourd'hui, comme le remarque M. de Saint-Priest, cette cité n'a pas oublié qu'au temps des Guillaume et des Roger elle était la métropole du royaume. C'est d'un habile écrivain d'avoir rajeuni le sujet si connu des vêpres siciliennes par un judicieux emploi de la critique. M. de Saint-Priest a rapproché les versions différentes que les Italiens nous ont données de cette catastrophe, et, après en avoir indiqué les contradictions, il a ramené les faits à la vraisemblance, à la vérité historique avec beaucoup d'impartialité. En apprenant la révolution de Palerme, Charles d'Anjou s'écria : « Seigneur mon Dieu ! vous qui m'avez élevé si haut, si vous voulez m'abattre, faites au moins que ma chute soit lente et que je descende pas à pas. » A cette prière du chrétien qui s'humilie succéda l'élan d'une colère que vint enflammer encore la nouvelle du soulèvement de Messine. C'est sur cette dernière ville que le roi de Naples tourna sa vengeance et toutes les forces qu'il destinait à la conquête de Constantinople. Il ne s'écoula que trois ans entre les vêpres siciliennes et la mort de Charles d'Anjou, qui n'eut plus que des revers. Il échoua devant Messine ; il ne put empêcher le roi d'Aragon de débarquer en Sicile et d'en prendre possession ; ses flottes furent battues ; son fils aîné, le prince de Salerne, fut fait prisonnier. Cependant, sans se résigner à ces rigueurs de la fortune, il méditait de nouveaux efforts, quand une fièvre l'emporta. Après avoir enseveli le fondateur de la dynastie angevine, M. de Saint-Priest clôt son livre par une conclusion de quelques pages où il jette un regard, tant sur Naples que sur la Sicile, pour les temps qui suivirent la mort de son héros. Dans cette fin, peut-être un peu brusquée, nous trouvons quelques aperçus ingénieux sur la Sicile, qui est restée trop poétique, s'il faut en croire M. de Saint-Priest, et à laquelle il souhaite, dans les vicissitudes auxquelles elle peut être réservée, de ne devenir jamais « une Malte agrandie. »

En terminant la lecture du remarquable ouvrage de M. de Saint-Priest, nous avons éprouvé une impression que donnent rarement les productions contemporaines, le regret de ne pas trouver le livre plus long. Nous eussions voulu, comme nous l'avons déjà fait pressentir, que l'écrivain ne se fût pas contenté de consacrer quelques lignes à l'histoire de la dynastie angevine fondée par le frère de saint Louis. M. de Saint-Priest déclare que, parvenu au terme d'une longue et difficile carrière, il n'ira pas se perdre dans l'embarras incertain de ce labyrinthe. Loin de se perdre, il nous y eût fort bien conduits, pour peu qu'il l'eût voulu. Qu'il ne s'en prenne de nos exigences qu'à lui-même : si son récit historique était moins attachant et moins clair, nous ne lui reprocherions pas de ne l'avoir pas assez prolongé. Un lumineux aperçu de l'histoire de la maison d'Anjou, resserré dans des limites convenables, eût donné à la dernière partie de l'ouvrage de M. de Saint-Priest plus d'ampleur et de gravité.

Encore une critique, et nous n'aurons plus qu'à dire tout le bien que nous pensons de l'*Histoire de la conquête de Naples*. L'écrivain a voulu composer un livre dont l'allure rapide et brillante mènerait jusqu'au bout ceux qui l'auraient ouvert ; il y a réussi : seulement son style ressemble trop parfois à la conversation d'un homme du monde qui raconterait les impressions que lui auraient laissées ses lectures, avec abandon, avec esprit, avec trop d'esprit. On trouvera peut-être que voilà de notre part une étrange querelle. Expliquons notre pensée par un exemple : M. de Saint-Priest, après avoir esquissé à grands traits les exploits et la vie d'un des plus fameux représentants de la race normande, Roger II, roi de Sicile, ajoute : « Enfin, Roger mourut à l'âge de cinquante-huit ans, comblé de richesses, de puissance et de gloire. Brave, habile et fin, le fondateur de la royauté en Sicile fut un politique, un législateur et un héros, mais un héros bas-normand. » Voilà de ces saillies auxquelles un historien ne doit pas s'abandonner. Nous savons bien que Voltaire, même au milieu de ses développements historiques les plus purs et les plus beaux, ne s'est jamais refusé une plaisanterie ; mais les défauts de cet inimitable démon ne sauraient servir de justification à personne.

Maintenant, nous louerons hautement M. de Saint-Priest d'avoir su traiter son sujet sans y introduire ces couleurs, ces enluminures par lesquelles tant d'écrivains ont défiguré le moyen-âge ; il a su parler du XIIIe siècle en homme du XIXe, sans engouement comme sans antipathie. Cette impartialité n'a pas empêché le style de l'écrivain d'être pittoresque ; elle n'a pas étouffé non plus chez lui l'amour de son pays et une certaine préférence pour les races méridionales. On sent qu'après la grandeur de la France M. de Saint-Priest ne désire rien plus vivement que la grandeur de l'Italie et son indépendance. Ces sentiments donnent à son livre un caractère qui le distinguera d'une manière heureuse. Trop souvent des historiens modernes, en s'occupant du moyen-âge, ont eu l'air de considérer la suprématie germanique comme un fait légitime que devait accepter l'Italie. C'est ainsi que, de nos jours, un des célèbres professeurs de l'Allemagne, M. Léo, dans son *Histoire de l'Italie*, compare les deux nations à deux époux d'un caractère différent : le mari (c'est le peuple allemand) est plein de force et de courage, la femme (c'est l'Italie) est pleine de ruse et d'adresse ; ils ne peuvent se quitter, ils s'appartiennent, et cependant ils ne cessent de s'irriter mutuellement et de remplir la maison du bruit de leurs querelles. N'en déplaise au docte historien, ce mariage est aujourd'hui bien compromis : la femme veut le rompre. Son amant, le peuple français, qu'elle a souvent pris et quitté, ne peut qu'être enchanté d'un pareil divorce.

Enfin, aux qualités qui distinguent l'*Histoire de la conquête de Naples* vient se joindre un dernier mérite, celui de l'à-propos. Cette Italie inquiète et frémissante, que semble agiter maintenant l'ardeur du patriotisme, qui fut la muse d'Alfieri, nous la retrouvons tout entière dans le livre de M. de Saint-Priest avec les passions et les partis qui la divisaient au moyen-âge. Le fond persiste sous les transformations et les costumes dont nous avons aujourd'hui le spectacle. Les événements et les révolutions du XIIIe siècle font mieux comprendre ce qui se passe de nos jours à Naples et en Sicile. Tout s'enchaîne. Les Siciliens ne font-ils pas remonter à Frédéric III d'Aragon la vieille constitution dont ils réclament aujourd'hui le rétablissement avec des garanties nouvelles ? Ne revoyons-nous pas de nos jours le même antagonisme entre Naples et Palerme ? La papauté n'est-elle pas encore au milieu des combattants comme elle l'était au moyen-âge ?

Au moment où se termine le livre de M. de Saint-Priest, à la fin du XIIIe siècle, la décadence rapide et profonde de ce pouvoir qui était parvenu à dominer les rois et les peuples commença. Pour qu'un pareil pouvoir restât à la hauteur où il était monté, il eût fallu que tous les papes eussent du génie, qu'ils ne connussent que les saintes passions du dévouement et de la foi, et qu'enfin l'enfance des sociétés modernes fût éternelle. La papauté trouve dans Avignon sa captivité de Babylone, pour parler le langage de Pétrarque ; l'anarchie la dégrade, l'église elle-même, que représentent des conciles, combat parfois son autorité ; enfin, au-dessus de ce chaos, Luther montre sa tête puissante. Ce vaste naufrage fut donc amené tout ensemble par la corruption des hommes et par les progrès du genre humain. Il fallut réparer tant de ruines, et nous avons alors le spectacle de cette longue et habile défensive qui est un des principaux caractères de la politique pontificale depuis Charles-Quint jusqu'à Napoléon. Nous ne recommencerons pas l'appréciation que nous avons déjà faite ici des efforts et des talents déployés par les papes qui se succédèrent pendant le XVIe et le XVIIe siècle ; mais avec quel art la papauté, poursuivant toujours le même but, change, suivant les circonstances, de moyens et d'alliés ! Rome catholique, tout en ayant perdu sa suprématie sur la moitié du monde, reste une grande école de politique.

S'il était nécessaire de constater par un nouveau témoignage la puissance des idées philosophiques pendant le dernier siècle, nous trouverions cette preuve dans la conduite que tint la papauté. Elle n'essaya même pas de lutter contre l'ascendant et les prestiges de l'esprit nouveau ; elle accepta les hommages de Voltaire et proscrivit les jésuites. Il y a précisément un siècle, le trône pontifical était occupé par un prêtre aimable et doux, d'un esprit enjoué, qui ne craignait pas d'écrire à Voltaire pour le remercier de lui avoir dédié *Mahomet* et d'avoir en son honneur composé ce distique :

> Lambertinus bic est, Romae decus et pater orbis,
> Qui mundum scriptis docuit, virtutibus ornat.

La philosophie et la religion étaient en coquetterie. Dans le *Précis du siècle de Louis XV*, Voltaire, qui vit le règne d'autres pontifes, célèbre la modération du pape Lambertini, Benoît XIV, « aimé de la chrétienté pour la douceur et la *gaieté* de son caractère, et qui est aujourd'hui regretté de plus en plus. Il ne se mêla jamais d'aucune affaire que pour recommander la paix. » N'est-il pas remarquable que la papauté, pour laquelle la compagnie de Jésus avait été d'un si puissant secours contre la réforme, licencie cette armée à la veille de la révolution française ? Les papes ne lisaient pas mieux dans l'avenir que les rois.

Ce que Rome catholique avait toujours le plus combattu, le principe de l'indépendance de l'esprit humain, triomphait, et ce terrible ennemi ne connaissait ni frein, ni pitié, comme il arrive toujours dans l'ivresse des premières victoires. Que de catastrophes et de péripéties la révolution française a jetées dans l'histoire de la papauté qui se vit assaillie de tempêtes comme aux jours les plus tragiques du moyen-âge ! Cependant, au moment où Pie VI, violemment arraché de Rome, expirait sur le territoire français, à Valence, cette révolution se mettait elle-même en tutelle sous la dictature d'un héros, et revenait à la modération par le chemin de la gloire. Pourquoi faut-il que Napoléon, après avoir si noblement suivi le penchant qu'ont toujours les grandes âmes pour les croyances religieuses, n'ait pas été fidèle à ses premières pensées ? Notre siècle a vu le nouvel empereur d'Occident se montrer plus dur envers Rome, plus gibelin que tous les césars du moyen-âge, et, par un décret qu'il data de Schœnbrunn, le 17 mail 1809, dépouiller Pie VII de toute puissance temporelle. « Lorsque Charlemagne, empereur des Français et notre auguste prédécesseur, est-il dit dans ce décret, fit donation de plusieurs comtés aux évêques de Rome ; il ne les leur donna qu'à titre de fiefs et pour le bien de ses états ; par cette donation, Rome ne cessa pas de faire partie de son empire. Depuis, ce mélange d'un pouvoir spirituel avec une autorité temporelle a été, comme il l'est encore, une source de discussions, et a porté trop souvent les pontifes à employer l'influence de l'un pour soutenir les prétentions de l'autre ; ainsi les intérêts spirituels et les affaires du ciel, qui sont immuables, se sont trouvés mêlés aux affaires terrestres qui, par leur nature, changent selon les circonstances et la politique du temps. » Telles étaient les prémisses qui avaient pour conséquence la réunion des états du pape à l'empire français. L'inconstant et redoutable successeur de Charlemagne poussait le commentaire des actes du donateur jusqu'à la spoliation, et il s'emportait à cet excès de détrôner le pontife qui l'avait couronné.

Un publiciste, peut-être trop oublié aujourd'hui, a remarqué avec beaucoup de justesse que, par l'ambition de Napoléon, l'Italie a perdu la plus belle occasion qu'elle ait eue depuis les Romains, de recouvrer son indépendance. En effet, il était facile à la puissance de Napoléon d'établir d'une manière durable un système fort simple, une confédération de trois états, l'Italie supérieure, le pape et Naples. Aucun de ces états n'avait intérêt à empiéter sur l'autre, et l'ensemble de l'Italie était affranchi de la domination de l'étranger. Il paraît que rien n'est plus difficile en politique que le triomphe des combinaisons sages et naturelles. Au moment où les Français étaient contraints d'abandonner l'Italie, les Autrichiens s'y établissaient, et si le congrès de Vienne avait l'équité de restituer au pape, avec sa souveraineté temporelle, le territoire des États Romains, il lui donnait, ainsi qu'à Turin et à Naples, le formidable voisinage d'une puissance allemande. C'était trop refaire le passé et trop embrouiller l'avenir.

Quoi qu'il en soit, rendons-nous compte de la situation de la papauté dans le temps où nous sommes. La papauté qui, au XIIIe siècle, disposait des couronnes, et qui au XVIe soutenait des luttes ou entretenait des alliances avec les principaux rois de l'Europe sur un pied complet d'égalité, vit aujourd'hui sous la protection des grandes puissances. L'inviolabilité de son territoire est considérée comme une des conditions de la paix européenne et de l'indépendance de l'Italie. La papauté n'a plus ni conquêtes à faire, ni revers à essuyer comme au temps de Jules II : les puissances signataires des traités de Vienne, en garantissant son existence, lui ont interdit tout mouvement, toute entreprise au dehors. Sous ce rapport, on peut dire que le chef de la religion catholique a plutôt en Italie un grand état de maison qu'il n'est un véritable souverain, ayant droit de paix et de guerre.

Chez elle, où en est la papauté ? Pour gouverner, pour accomplir les réformes qu'ils jugeaient nécessaires, les papes ont toujours été moins libres que les rois. Représentant une aristocratie, une oligarchie sacerdotale, ils ont toujours eu auprès d'eux des surveillants incommodes de l'usage qu'ils entendaient faire de leur autorité. Il a donc fallu l'évidence de la plus irrésistible nécessité pour qu'il ait été permis à un pape de se montrer réformateur actif et résolu.

Maintenant voici les conséquences. Les réformes administratives n'ont pas pu servir de rempart à la papauté contre les idées et les exigences politiques qui ont voulu à leur tour être satisfaites. Le branle était donné ; s'arrêter n'était plus possible, et des concessions nouvelles ont élargi la brèche. Il y a aujourd'hui à Rome, en face du pape et du sacré collège, un conseil municipal de cent membres, un pouvoir administratif composé d'un sénateur qui en est le chef, et de huit magistrats, une consulte d'état, une garde nationale et la liberté de la presse. Sera-ce tout ? La consulte d'état, qui date à peine de quelques mois, ne s'élèvera-t-elle pas à l'autorité d'un corps délibérant ? Enfin la papauté ne verra-t-elle pas s'ouvrir pour elle l'ère des constitutions ? Jamais le génie du passé et l'esprit nouveau ne se seront trouvés si vivement en présence.

Mais n'y a-t-il pas en Italie un attachement réel pour la papauté ? N'y a-t-il pas, de l'autre côté des monts, des hommes d'un esprit élevé qui tiennent pour maxime que le catholicisme et la nationalité italienne sont inséparables ? Sans doute. A leurs yeux, le catholicisme est non-seulement la vérité enseignée à tous les peuples, mais il est de plus pour l'Italie comme l'incarnation de la patrie et de l'indépendance. Aussi demandent-ils pour le pape la présidence de la confédération des états italiens et l'exercice d'une suprématie morale sur toute la péninsule. Seulement les hommes distingués qui se complaisent dans cette théorie ont plus de renommée littéraire que d'ascendant politique. En dépit de ces nouveaux guelfes, en dépit même de la juste popularité de Pie IX, il y a dans la majorité des Italiens, à l'égard de la papauté, une défiance qui date de loin, car c'est Machiavel qui l'a mise dans l'esprit de ses compatriotes. Ce grand politique, on ne l'ignore pas, a formellement accusé l'église d'avoir été le plus grand obstacle à l'unité, à l'indépendance de l'Italie par son ambition d'y dominer, par les divisions qu'elle y avait sans cesse entretenues. Avant l'avènement de Pie IX, les hommes les plus modérés de la péninsule signalaient le gouvernement papal comme le pire de tous. Encore aujourd'hui comme au moyen-âge, c'est en Italie que la papauté soulève le plus d'objections et de résistances. L'enthousiasme même avec lequel les Italiens ont accueilli Pie IX et ses actes est presque une satire de l'institution, tant ils ont paru surpris qu'elle pût encore produire quelque bien ! En dehors de la péninsule, la papauté a été souvent jugée avec plus de bienveillance ; de loin, son antique splendeur, quoique à demi éclipsée, cachait ses misères ; autour d'elle, il n'y a pas plus d'illusions que d'indulgence.

Tes plus grands ennemis, Rome, sont à tes portes.

Au contraire, pour l'Europe, la papauté est surtout une autorité générale placée depuis des siècles au faîte de la religion, dont elle maintient l'unité. Sous ce rapport, elle appartient au monde. Si d'un côté la papauté est italienne, de l'autre elle est universelle. Comme l'antique Janus, elle a deux visages ; c'est un gouvernement, c'est un pontificat. Cette double nature qui fait sa grandeur complique étrangement les difficultés quand il s'agit, comme en ce moment, de changer les institutions du peuple romain. Le régime représentatif n'est-il pas incompatible avec une administration entre les mains des prêtres ? Ne faudrait-il pas séparer nettement le gouvernement de l'église d'avec le gouvernement de l'état ? Si cette séparation devient nécessaire, il est difficile qu'elle s'accomplisse sans la participation de l'Europe. Il faut que la puissance spirituelle du pape garde son indépendance et sa majesté au milieu des changements introduits dans le gouvernement des États Romains. Ce n'est plus là un intérêt italien, mais un intérêt général pour toutes les nations catholiques. Au moyen-âge, la papauté intervenait partout : nous aurons inévitablement le spectacle contraire de l'intervention de l'Europe dans les affaires de la papauté. Cette haute sollicitude du pouvoir politique pour la puissance spirituelle ne sera pas un des faits les moins considérables du XIXe siècle.

Si la vue impartiale du passé et de notre siècle nous a conduit à croire que la papauté ne saurait plus avoir d'autre rôle que d'être l'expression désintéressée de la puissance spirituelle, combien les événements immenses qui éclatent au moment où nous terminons cette étude historique nous confirment dans cette conviction ! En effet, plus les sociétés sont remuées par des révolutions soudaines et profondes, plus il importe qu'au milieu d'elles l'élément religieux subsiste et s'affermisse loin de disparaître ou de s'effacer. D'un autre côté, en présence de ces nouveaux témoignages de l'instabilité des choses humaines, l'église et la papauté doivent plus que jamais se détacher des ambitions temporelles pour puiser toute leur autorité dans les sentiments et les idées qui ont inspiré l'Évangile. Nous sommes dans un grand moment, car voici l'heure où la vertu de toutes les doctrines sera éprouvée. Tirer du christianisme les enseignements et la consolation qu'il recèle, défendre et maintenir la pureté de son spiritualisme, prodiguer le dévouement d'une charité ardente à toutes les souffrances, à toutes les douleurs, dans quelque rang qu'on les trouve, tels sont les devoirs que notre temps impose à l'église, et c'est en les remplissant qu'elle pourra faire face à la gravité des circonstances. Dans la sphère des croyances et des institutions religieuses, tout sera de plus en plus controversé, remué, questions métaphysiques, questions morales, questions d'organisation intérieure. Des problèmes qui semblaient résolus seront inévitablement repris pour être soumis à un examen nouveau. Cette mobilité dans les idées et dans les lois, qui est un des caractères dominants de notre siècle, ne doit pas tant décourager les esprits que les exciter à distinguer nettement ce que les croyances religieuses et les formes sociales ont d'essentiel et de toujours vrai, ce qu'elles ont d'éphémère et de transitoire. C'est l'incontestable honneur du christianisme d'avoir su, à travers dix-huit siècles, survivre à toutes les secousses, à tous les changements, à toutes les scissions. Ainsi, à l'époque de Luther, il n'a pas péri, mais il s'est dédoublé. A quoi doit-il cette perpétuité, si ce n'est à son caractère spiritualiste ? En effet, de l'aveu de tous les penseurs, le christianisme resta l'idée la plus générale qui se soit encore produite au milieu des sociétés. Il y a donc au fond de cette idée la puissance et l'avenir des transformations nécessaires.

www.ingramcontent.com/pod-product-compliance
Lightning Source LLC
LaVergne TN
LVHW091254080426
835510LV00007B/258